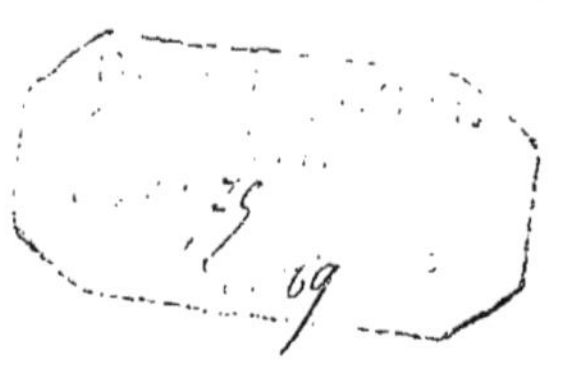

NOTICE HISTORIQUE

SUR

LES VRAIS COMPAGNONS DE JÉHU.

NOTICE HISTORIQUE

SUR

LES VRAIS

COMPAGNONS DE JÉHU

(BOURG, THERMIDOR AN VIII),

PAR

Ernest CUAZ,

Substitut du Procureur impérial à Lyon, Membre de la Société impériale d'Emulation de l'Ain,
et de la Société littéraire de Lyon.

BOURG,
IMPRIMERIE MILLIET-BOTTIER.
—
1869.

NOTICE HISTORIQUE

SUR

LES VRAIS COMPAGNONS DE JÉHU.

(BOURG, THERMIDOR, AN VIII.)

Les Compagnons de Jéhu! ces mots étranges, dont la signification bien nette nous échappe, éveillent et captivent notre attention. Ils ravivent surtout des souvenirs intéressants à Bourg, où quelques romanciers modernes ont placé les principaux héros de ces drames sanglants qui marquèrent la fin du règne de la Terreur.

J'ai essayé, à l'aide de documents puisés sur les lieux mêmes, aux sources les plus certaines, de mettre en relief et de saisir la véritable physionomie, le caractère réel de ces hommes qui, avec un courage et une audace extraordinaires, s'insurgèrent contre les lois et les troupes d'un gouvernement expirant du reste de sa propre faiblesse, et causèrent un instant un effroi général, mais disparurent presque subitement, lorsque l'ordre et la tranquillité revinrent en France avec le Consulat.

Loin de moi l'intention de faire ici une histoire générale des Compagnons de Jéhu. C'est là une tâche à laquelle ni mes forces ni mes connaissances ne sauraient suffire. J'ai voulu seulement les étudier en Bresse, voir comment, par

1

qui et pour qui ces scènes de véritable brigandage, quoi qu'on en dise, avaient été exercées.

C'est la vérité toute simple que j'ai essayé de rechercher. L'ai-je trouvée? Je ne saurais le décider, mes efforts du moins y ont tous convergé, et si les récits intéressants de Dumas et de Nodier y perdent un peu de prestige à nos yeux, le lecteur indulgent songera qu'ici-bas il ne faut pas tout sacrifier au roman, mais que pour un homme véritablement désireux de voir et de connaître l'histoire de son pays la vérité, toute prosaïque qu'elle soit, a toujours un puissant attrait.

Retracer à grands traits l'histoire des Compagnons de Jéhu dans nos régions, voir ce qu'ils étaient vraiment, ce qu'ils ont fait;

Les prendre ensuite en Bresse et suivre leur procès à Bourg, telles sont les deux parties de la tâche que j'ai entreprise.

J'ai à peine besoin d'ajouter que je m'efforcerai de la remplir sans passion, sans esprit de parti, ne voyant que les faits, cherchant à les exposer aussi sincèrement et aussi exactement que possible.

Première partie.

La réaction thermidorienne de l'an III et l'an IV fut, on le sait, une espèce de furie contre la Terreur.

Depuis le jour célèbre (9 thermidor) où Tallien montant à la tribune s'écriait, en désignant Robespierre : « Je me suis armé d'un poignard pour frapper le nouveau Cromwell si la Convention n'avait pas le courage de le décréter d'accusation, » depuis ce jour terrible où en même temps que tombaient les têtes de Robespierre et de Saint-Just s'écroula aussi le régne sanglant de la Terreur, le parti réactionnaire devint de plus en plus entreprenant, et son audace ne connut bientôt plus de bornes.

Ce parti s'était donné des couleurs particulières, des mots de ralliement; son noyau était formé par des jeunes gens appartenant aux familles persécutées ou échappés à la réquisition, dit M. Thiers, dans son *Histoire de la Révolution*, tome VI, page 337, à laquelle nous empruntons le passage suivant :

« Ces hommes portaient leurs cheveux noués en tresses et rattachés sur le derrière avec un peigne. Ils avaient de grandes cravates, des collets noirs ou verts, suivant l'usage des Chouans, mais surtout un crêpe au bras comme parent d'une victime du Tribunal révolutionnaire. C'était là le costume de la *jeunesse dorée* qui, à Feydeau et chez madame Tallien, se livrait avec ardeur au plaisir, paraissant comme vouloir perdre jusqu'au souvenir de la sombre et terrible époque qu'on venait de traverser. »

Mais ce n'était là que le côté frivole de la situation : des gens de toute classe, croyant agir par conviction, et n'agissant plutôt que par un esprit de désordre, de vengeance et de rapine, commirent bientôt les plus déplorables excès.

A Lyon et dans le Midi des agents royalistes avaient reparu, des sociétés secrètes se formèrent; toutefois déclarer un parti responsable des atrocités qu'elles commirent, ce serait mentir à l'histoire et inventer des calomnies.

C'est alors que parurent ces noms nouveaux pour tous, presque ignorés de notre génération actuelle, de *Compagnie de Jéhu*, plus véridiquement appelée, par les historiens sérieux du temps *Compagnie de Jésus ou du soleil*. D'où vient cette dernière étymologie? mes recherches n'ont pu me l'apprendre. Quant au nom de *Jéhu*, l'explication qu'en donne Charles Nodier (*Souvenirs et portraits de la Révolution*, tome VIII, page 79) est sinon véridique du moins très-ingénieuse.

Jéhu était, comme on le sait, un roi d'Israël qui avait été sacré par le prophète Elisée, sous la condition de punir les crimes de la maison d'Achab et de Jézabel et de mettre à mort tous les prêtres de Baal. Le nom sacramentel de *Vengeurs* ou de *Compagnons de Jéhu* pris par les membres de ces terribles sociétés était donc bien approprié à leur cruel office.

Charles Nodier, qui cherche du reste à les poétiser dans ses *Souvenirs et portraits de la Révolution*, explique cependant quel était surtout leur but, tout en laissant de côté les massacres commis par eux et sur lesquels il faudra bien que nous revenions tout à l'heure.

« Les *Compagnons de Jéhu* tout en faisant la guerre à la
« République, avaient compris qu'il n'y avait qu'elle qui
« pût solder ses ennemis. Or, il n'était pas probable qu'elle
« s'y déciderait de gré à gré, et sans essayer cette négocia-
« tion scabreuse, on jugea qu'il valait mieux lui prendre
« de l'argent que de lui en demander, On organisa donc des
« bandes ou des compagnies chargées de l'enlèvement des
« recettes et de l'attaque des transports de fonds publics.
« Je suis obligé de déclarer que cette mesure étant la seule
« qu'il fût possible de pratiquer, je la trouve très-naturelle.
« Dans un état de guerre civile, la spoliation de la dili-
« gence du trésor n'est pas un crime caractérisé par les
« lois ordinaires. C'est une opération, et, suivant les cas,
« un fait d'armes. Au reste, on n'a plus d'idée de l'in-
« fluence que de pareils événements pouvaient exercer sur
« la manière d'apprécier les choses. Tel homme, dont la
« légèreté avec laquelle je parle de ces monstrueuses aber-

« rations révolte l'esprit et le cœur, les aurait comprises
« comme moi s'il avait vécu de mon temps.

« Je ne dis pas, Dieu m'en garde! que les compagnies
« qui furent chargées de ces horribles opérations se com-
« posèrent de l'élite du parti. Personne ne me croirait :
« c'étaient en général des jeunes gens perdus de dettes,
« de débauches, de crimes, qui se réfugiaient au hasard
« sous le premier étendard venu, où ils pouvaient trouver
« quelque garantie d'impunité ou quelque solidarité de
« dévouement et de sang. » (*Souvenirs et portraits*, Ch.
Nodier, tome VIII, pages 86 et 87.)

Malheureusement, il faut en convenir, c'était le seul
côté réel de ces tristes associations que l'imagination de
Nodier nous présente encore de loin sous un mirage poé-
tique et qui, vues de près, n'étaient la plupart du temps
qu'un ramassis de gens appartenant à la lie de la société et
venant, sous prétexte de venger les victimes de la Terreur,
commettre des excès pareils à ceux dont elle s'était souillée,
elle-même.

Voyons, puisque nous en sommes à traiter, dans cette
première partie, la question à un point de vue un peu plus
général, où nous pourrons trouver les traces de l'existence
des tristes exploits et de la fin de ces terribles sociétés que,
plus heureux que nos pères, nous n'avons jamais eu à
redouter.

M. Monfalcon, dans son *Histoire de la ville de Lyon*
(tome II, page 1051), indique que c'est au mois d'avril 1795
que les *Compagnies de Jésus* s'organisèrent à Lyon. Il dé-
crit leur costume, leurs mots de ralliement. Le 4 mai de
cette même année le tribunal criminel devait juger un
terroriste nommé Bonnard. Des attroupements se formèrent autour du palais de justice. Le représentant Boisset

étant accouru, voulut faire avancer les troupes de la garnison; mais à cette vue, les émeutiers, ivres de fureur, brisèrent les portes de la prison de Roanne, envahirent les cachots et massacrèrent 41 prisonniers. Quelques-uns des bourreaux s'écrièrent ensuite : « Aux Recluses! aux Recluses! Ils coururent, à neuf heures du soir, à cette prison où 43 personnes périrent victimes de ces atroces vengeances. Quinze jacobins furent encore égorgés dans la prison Saint-Joseph, et parmi eux Grandmaison et Dorfeuille, présidents des commissions révolutionnaires.

« Cette nuit fut horrible, » dit Monfalcon, auquel nous empruntons ces tristes détails. « A la fin du mois de mai « les victimes commencèrent à manquer, le bras du bour- « reau se lassa, et la Compagnie de Jésus ne tarda point à se dissoudre d'elle-même et sans être inquiétée par au- « cun pouvoir. Beaucoup des hommes qui s'y étaient affi- « liés avaient pris goût au sang; devenus brigands de « grands chemins, ils volèrent et tuèrent des voyageurs. »

J'ai consulté sur ces événements, les documents officiels indiqués dans *Gonon* (Bibliographie pendant la révolution française); en premier lieu un rapport (n° 2170), fait à la Convention nationale, au nom des comités de salut public et de sûreté générale, par Chénier, séance du 6 messidor an III.

J'extrais de ce factum les passages suivants : « Une asso- « ciation de scélérats ligués pour le meurtre s'est orga- « nisée à Lyon. Cette *Compagnie*, mêlant les idées reli- « gieuses aux mots de justice et d'humanité, se fait appeler « *Compagnie de Jésus*. C'est elle qui rappelle à grands cris « les émigrés, qui égorge les prisonniers, etc. »

Un décret de la Convention du 2 messidor an III manda à sa barre le Maire de Lyon, l'accusateur public du tri-

bunal criminel, le substitut de l'agent national et ordonna
le prompt jugement des auteurs des massacres qui avaient
été commis.

Le représentant du peuple, Reverchon, envoyé en mis-
sion à Lyon, adressa, le XXX nivose, an III, une proclamation dans le style ampoulé de l'époque. (Bibliographie
de Gonon, n° 2233.) « Lyonnais, serez-vous toujours vic-
« times du parti de l'étranger.

« *Précy*, cet infâme agent des rois, vous traîna dans
« l'abîme, etc., etc. »

« J'ouvre la correspondance saisie sur les frontières du
« département de l'Ain par les préposés de la police des
« Communes et je lis : « L'ex-marquis de Bésignan (1) s'oc-
« cupe depuis 1792, d'organiser la contre-révolution dans
« le Midi. Il a surtout fixé son attention sur la ville de Lyon
« et les départements qui sont sur les deux rives du
« Rhône. Sans parler des évènements de 1793, c'est à lui
« qu'il faut attribuer l'organisation des *Compagnies de
« Jésus*. Il est démontré que les puissances coalisées et les
« ci-devant princes français entretiennent beaucoup
« d'agents secrets à Lyon.

« .... Les conspirateurs comptaient prendre trente-
« deux mille fusils à Saint-Etienne au premier mouve-
« ment. Un ramassis de brigands armés se porta dans ce
« but sur Yssengeaux, mais le représentant du peuple,

---

(1) J'ai voulu vérifier ce point important de savoir si c'était réellement
le marquis de Bésignan qui avait organisé les *Compagnies de Jéhu ou de
Jésus :* des renseignements les plus circonstanciés m'ont été fournis par
M. de Gallier, vice-président de la Société archéologique de la Drôme. Il
démontre, a l'aide de recherches fort complètes et très-consciencieuses,
l'invraisemblance des allégations contenues dans cette proclamation.

« Poulain-Grandpré, leur a opposé, à la tête de nos braves
« frères d'armes, une barrière invincible et aujourd'hui
« cette horrible conspiration est déjouée. »

Après cette proclamation arrivèrent les mesures répres-
sives. Un arrêté du même représentant Reverchon, en date
du VI pluviose, an IV (bibliographie Gonon, n° 2236), dé-
cide que :

« Les soi-disant victimes qui seront trouvées porteurs
« de signes de ralliement à la Vendée, savoir : ganses
« blanches, cadenettes ou nattes retroussées, passe-pen-
« dants ou oreilles de chien, cravates et collets verts
« seront arrêtées et poursuivies comme perturbateurs de
« la tranquillité publique. »

Un ordre du général de division Montchoisy, en date du
IV prairial an IV (bibliographie Gonon, n° 2273), porte
que :

« Pour prévenir les assassinats que commet la *Compa-
« gnie de Jésus*, il est défendu à tous les citoyens sous
« quelque prétexte que ce soit de porter des cannes à épée,
« à lance, bâtons plombés, ferrés et autres. »

Ce même général Montchoisy, ayant montré peu d'énergie pendant ces massacres, fut destitué quelque temps après.

Cependant l'ordre ne tarda pas à se rétablir à Lyon ; une
nouvelle législation allait commencer, neuf églises catho-
liques furent rendues officiellement au culte et avec le
18 brumaire, le calme revint peu à peu dans cette malheureuse ville si cruellement éprouvée.

Le contre-coup de ces terribles événements se fit naturellement sentir dans les départements voisins et notamment dans le département de l'Ain. C'est surtout de celui-
ci dont nous aurons à nous occuper. Dans son ouvrage sur
la Terreur à Bourg, M. Edmond Chevrier rappelle une

scène de vengence et de massacre pareille à celle que Lyon eut à déplorer et où, il faut bien le reconnaître, joua un rôle sanglant, cette terrible *Compagnie de Jéhu ou de Jésus.*

On était au sortir de la Terreur. Le règne du cruel proconsul *Albitte* avait enfin cessé. Le représentant Boisset, arrivé à Bourg, y avait été accueilli avec des transports de joie et d'enthousiasme. Mais bientôt les fureurs d'une réaction aveugle se manifestèrent aussi dans notre pays. L'autorité supérieure craignant avec raison que la populace voulût massacrer les terroristes dans les prisons ainsi qu'on avait malheureusement fait à Lyon, s'entendit avec l'administration du Jura. Il fut convenu qu'on transporterait les détenus de Bourg à Lons-le-Saunier et réciproquement. Le convoi fut assailli par des vociférations et des huées. Les détenus furent frappés à coups de bâton, notamment place du Greffe. Mais à la sortie de la ville, une femme tira un coup de pistolet, ce fut le signal du massacre, qui eut lieu dans l'allée de Challes. Ceux qui survécurent à leurs blessures furent égorgés à leur entrée à Lons-le-Saunier. Cette scène atroce avait lieu le 30 germinal. Quelque temps après le 13 prairial, la même bande alla attendre au pont de Junion dix terroristes transportés de Lons-le-Saunier à Bourg. Tous périrent dans le trajet, dit M. Chevrier, qui ajoute ensuite ces horribles détails, ne caractérisant que trop les fureurs de cette époque : « Par précaution ils avaient le » corps entouré de rames de papier. Lorsqu'on s'en aper- » çut, on leur hâcha la tête à coups de sabre. Un seul « échappa à travers champs et fut recueilli à l'hôpital de « Bourg, ayant encore la moitié d'un sabre fixé dans la « peau du crâne. » (*La Terreur à Bourg*, par M. Edmond « Chevrier, page 63.)

Nous voici malheureusement un peu loin de ces aimables
2

jeunes gens exposant leur vie avec la plus noble intrépidité pour le service d'une cause politique persécutée. L'historien de la Terreur en Bresse ajoute « qu'à la Terreur des « Sans-culottes succéda ainsi ce qu'on a appelé *la Terreur* « *blanche* et les brigandages des *Compagnons de Jéhu* « devinrent, dit-il, un pendant des excès des terroristes. »

Mais peu à peu, à Bourg comme partout, l'ordre et la tranquillité ne tardèrent pas, heureusement, à renaître peu à peu sous le gouvernement sage et éclairé du premier Consul.

On comprend que j'ai eu à cœur de consulter les documents les plus authentiques sur ces terribles excès des fureurs réactionnaires. Les auteurs des massacres de Lyon et de Bourg ne tardèrent pas à tomber sous la main de la justice. Un grand procès criminel s'instruisit à Yssengeaux contre eux. L'affaire fut portée au tribunal criminel du Puy (Haute-Loire) et jugée le 8 germinal an VII.

Après beaucoup de recherches, j'ai fini par pouvoir me procurer une copie de l'enquête, de quelques mémoires imprimés du temps, de l'acte d'accusation et du jugement qui a terminé ce mémorable procès.

Ce sont ces documents empreints évidemment de l'esprit de l'époque que nous allons analyser froidement et simplement avec l'espoir que ce court résumé pourra présenter quelque intérêt.

Un arrêté du Directoire exécutif du 13 messidor an V renvoya devant le directeur du Jury de l'arrondissement d'Yssengeaux plus de cent vingt individus compromis dans ces troubles et ces scènes sanglantes dont les départements du Rhône, de l'Ain et du Jura avaient été le théâtre. Le directeur du Jury, pendant le cours de l'an VI, s'occupa de recevoir les nombreuses dépositions relatives à cette affaire.

Près de deux cents témoins furent entendus par lui. Il serait aussi inutile que fastidieux de reproduire ici la substance de ces longues et monotones dépositions que j'ai parcourues entièrement. La scène de Challes y est tout au long reproduite. Le directeur du Jury, Roger Deschamps, procéda également à l'information du massacre des prisonniers qui eut lieu dans la nuit du 6 au 7 prairial an III, à Lons-le-Saunier. Les principales victimes furent les nommés Frilet et Tabel, et à la tête des égorgeurs figurait un nommé Piard, Laurent, de Lyon, se disant de *la Compagnie de Jésus* et *du Soleil*.

Le Jury d'accusation de la Haute-Loire, à la suite de cette information, renvoya tous les accusés à la tête desquels étaient *Astier*, de Lyon, *Gingenne*, également de Lyon, *Picard*, *Piard* et *Pérussel*, du Jura, etc., etc., devant le tribunal criminel du Puy.

Un document curieux à consulter (et dont je dois la communication à l'obligeance de M. Sirand) est un mémoire imprimé à cette époque au Puy et présenté dans l'intérêt de quelques citoyens jurassiens et du département de l'Ain impliqués dans cette affaire.

Les défenseurs de ces accusés soutinrent dans ce mémoire l'incompétence du tribunal criminel de la Haute-Loire et furent entendus à l'audience du 15 ventôse an VII.

Le citoyen Guélin, homme de loi à Lons-le-Saunier, prit la parole le premier et s'exprima en ces termes :

« Citoyens juges,

« Le jour des grandes vérités est enfin arrivé, etc........

« Arrêtons les progrès incalculables de *cette monstruosité*

« *judiciaire* sur laquelle je désire bien n'avoir que des

« fleurs à jeter. »

(On voit que les avocats du temps se gênaient peu pour critiquer l'organisation judiciaire de l'époque.)

Le mémoire, au fond, ne manque pas de logique. Les trois moyens invoqués par le défenseur, incompétence, amnistie et prescription, reposent sur des arguments sérieux.

Le défenseur Didier, au nom d'un citoyen Lusy, du département de l'Ain, prit ensuite la parole. Voici quelques passages de ce plaidoyer tout empreint de l'emphase et des passions du temps :

« Déjà le crêpe funèbre voltigeait à Bourg sur les mai-
« sons de détention. Onze heures sonnent, l'air n'est plus
« frappé que par les clameurs féroces des Cannibales et par
« les gémissements sourds des victimes. Le bruit d'une
« voiture vient interrompre cette angoisse pénible ; c'était
« celle du représentant Boisset. Il arrive et le complot est
« déjoué. Les trois cents satellites sont renvoyés. » (Le défenseur fait ici allusion à l'arrivée de trois cents gardes nationaux que le comité des hébertistes de Bourg avait fait venir en poste du pays de Gex pour essayer de ressaisir le pouvoir après la mort de Robespierre, mais que l'arrivée du représentant Boisset força à prendre la fuite.)

Le défenseur continue : « Le peuple qui voulait voir
« enchaînés *les tygres (sic)*, qui pendant dix-huit mois
« l'avaient torturé, accourut en foule sur leur passage
« (affaire de Challes) ; il survint sur eux et sur leur escorte
« et malgré les efforts multipliés de celle-ci, six des crimi-
« nels furent *victimés*, les autres, au nombre de trente,
« durent leur salut au courage des *canonniers* qui faisaient
« partie de l'escorte. Et cependant ce sont ces mêmes
« canonniers, auxquels il doivent la vie, qu'ils osent accu-
« ser aujourd'hui, etc. »

Malgré les efforts des défenseurs, le 16 ventôse an VII, le tribunal criminel du Puy, considérant que les prévenus étaient tous accusés d'être complices de la conspiration dont Astier était prévenu, par conséquent, que sa compétence ne pouvait pas être douteuse, renvoya, après les débats, le jugement des questions agitées par les défenseurs des citoyens du Jura.

Ce fut ainsi que commença au Puy cette affaire importante appelée procès des *Compagnons de Jésus* et à la tête desquels figure Anthelme Astier.

L'acte d'accusation dont j'ai pu me procurer une copie est un document long et confus dans lequel figurent, sans beaucoup d'ordre, tous les massacres, les scènes d'horreur dont les villes de Lyon, de Bourg et de Lons-le-Saunier furent ensanglantées à ces tristes époques.

Loin de moi la pensée de vouloir insister sur ces horribles détails. Je dois dire, pour être exact, que la partie politique n'y joue qu'un rôle tout à fait accessoire et que les faits, les crimes qui y sont mentionnés seraient justiciables de la Cour d'assises de nos jours.

Voici le passage le plus intéressant de cet acte d'accusation. Il est relatif à l'organisation et à la création des *Compagnies de Jésus* ; on doit le consulter en tenant compte des passions et de la politique ardente de cette époque, mais tel qu'il est, il nous a semblé contenir des indications utiles à signaler.

« Tous ces délits ont été le résultat d'une conspiration
« formée contre la sûreté intérieure et extérieure de la
« République, conspiration dont le but était de renverser
« le gouvernement républicain et de mettre sur le trône
« le Prétendant.

« Le plan en fut formé trois ou quatre mois après le

« 9 thermidor de l'an deux, il existait du 12 fructidor an
« V et tout annonce au procès qu'il n'est point encore
« abandonné.

« Pour établir ces vérités, le directeur du Jury ne fera
« point usage des faits qui prennent leur époque dans les
« mois de germinal, floréal et prairial de l'an III et
« 1er prairial an IV ; ces faits étaient matériellement de la
« compétence du directeur du Jury de Tournon ; mais les
« renseignements recueillis à ces époques établissent que
« les conspirateurs s'étaient organisés en compagnie sous
« le nom de *Compagnie de Jésus.*

« Cette compagnie se divisait en bandes du *Soleil*, de
« *l'Etoile*, du *Cordon, bande noire* et *bande blanche* ; elle
« prit aussi pendant quelque temps, en tout ou en partie,
« le nom de *Compagnie du Sac*, et alors pour empêcher
« les victimes de crier, ce qui interrompait, pendant la
« nuit, le repos des habitants de Lyon, on jetait un sac
« sur la tête de ceux que l'on voulait détruire et on les
« étranglait.

« Comme presque tous ces associés faisaient partie de la
« garde nationale de Lyon, dans laquelle plusieurs même
« avaient des grades, ils portaient, pour se distinguer,
« trois petits boutons derrière l'habit, en forme de fleurs
« de lys, portant à la main de gros bâtons ensanglantés,
« et à la ceinture des pistolets et des sabres, ils mar-
« chaient en bataille, dans ce qu'ils appelaient leurs expé-
« ditions, chantant dans les rues le *Réveil du peuple*, criant
« *A bas la République ! vive Louis XVIII ! vive Précy.*

« Ces différentes bandes assommaient et égorgeaient tout
« ce qu'elles trouvaient de républicains sur leur passage,
« et après leur avoir ôté la vie, les volaient ; elles se por-

« taient armées dans leurs maisons, incendiaient et
« pillaient.

« Il paraît même que pour rendre leurs coups mortels,
« les égorgeurs empoisonnaient la lame de leurs poignards ;
« les cadavres étaient jetés dans le Rhône et dans la Saône.

« Les frais de cette Compagnie étaient faits par les
« agents royaux, auxquels s'étaient joints des négociants,
« des hommes d'affaires, des prêtres, des ci-devant nobles.

« Cette Compagnie fut encore employée à l'arrestation
« des courriers et le produit de ces vols était envoyé en
« Suisse pour alimenter les émigrés ; les envois se faisaient
« deux fois par semaine.

« Leur fureur ne s'étendait pas seulement aux patriotes,
« il leur arrivait, lorsqu'ils avaient besoin d'argent, d'atta-
« quer et de voler des citoyens de tout parti et ils en
« étaient quittes pour dire : « Nous nous sommes trom-
« pés ; » ils tuèrent même un de leurs payeurs, qui ne
« pouvait plus leur fournir d'argent.

« Mais c'est surtout à ceux qui étaient sortis de Lyon
« pendant le siège, aux défenseurs de la patrie qu'ils en
« voulaient ; plusieurs de ces derniers sont tombés sous
« leurs coups.

« Dès l'origine, ils n'avaient pas dissimulé leurs com-
« plots destructeurs, ils avaient fait proclamer, au son de
« la caisse, que, par la loi, il n'y aurait plus aucun *Mathe-*
« *von* dans Lyon ; tant que nous en trouverons, disaient-
« ils publiquement, nous en jetterons dans le Rhône, nous
« formerons une petite Vendée ; nous voulons entièrement
« arracher jusqu'à la dernière racine des Mathevons.

« Il n'était aucun d'eux enfin qui ne se fît gloire d'être
« un assommeur et si les ennemis de la République eussent

« triomphé le 18 fructidor, où leurs projets se seraient-ils
« ils arrêtés ?

« L'un d'eux disait, quelques jours avant cette journée,
« si le 18 fructidor réussit, je veux, tout seul, scier entre
« deux planches, les cinq membres du Directoire.

« Tous les individus dénommés dans le présent acte ont
« été désignés pour faire partie de cette Compagnie de
« conspirateurs et d'égorgeurs.

« Cette conspiration n'était point bornée à la commune
« de Lyon, elle avait étendu ses branches dans les dépar-
« tements de l'Ain et du Jura. Des *Compagnons de Jésus*
« existaient dans les communes de Lons-le-Saunier, Cou-
« sance, St-Amour et Bourg.

« Parmi ces derniers on remarque, etc. »

Nous passons ici les noms des accusés qui ne peuvent
présenter actuellement aucune espèce d'intérêt. L'acte
d'accusation se borne ensuite à énumérer les différents
crimes, assassinats et meurtres commis par les membres
de l'association. La partie politique, ainsi que nous l'avons
dit, paraît y avoir joué un rôle secondaire. Cependant, on
lit notamment les chefs d'accusation suivants qui se ratta-
cheraient au côté politique de cette affaire :

« Il a été fait un enrôlement de soldats pour la *Compa-*
« *gnie de Jésus* et pour exécuter les complots ci-dessus
« mentionnés, *Piard* est prévenu d'avoir fait cet enrô-
« lement.

« Il a été pratiqué des manœuvres et des intelligences
« avec les ennemis de la France tendant à leur fournir des
« secours en argent ;

« Astier est prévenu d'avoir pratiqué ces manœuvres
« d'intelligence. »

Tous les autres chefs de cet acte d'accusation sont relatifs aux scènes d'horreur et de cruauté sur lesquelles nous avons déjà appelé l'attention du lecteur.

Il ne faudrait pas croire cependant que, malgré les passions du temps, la justice se laissât trop dominer par elles dans l'appréciation qu'elle eût à faire de la culpabilité de tous ces accusés.

Un grand nombre furent acquittés, notamment *Debost*, ex-greffier du tribunal criminel de Bourg et un nommé *Pérussel*, auquel le grand-père d'un de nos magistrats les plus éminents (1) prêta alors l'autorité et l'appui de sa parole. Ce magistrat a même eu l'obligeance de me communiquer le plaidoyer du défenseur de Pérussel. Il soutint surtout que son client, jurassien d'origine, n'avait aucune liaison avec ces bandes d'assommeurs de Lyon, enrégimentés sous le nom de *Compagnie de Jésus* ou *du Soleil*. Les crimes, ainsi qu'il l'affirmait, avaient été singulièrement exagérés. Il y avait eu quelques assassins malheureusement, mais tous ne devaient pas être qualifiés ainsi. L'honorable défenseur insistait ensuite sur l'immoralité et l'esprit de parti de certains témoins. Des correspondances de Dôle et de Besançon démontraient qu'ils étaient enrégimentés, organisés contre les accusés. Les témoins à décharge, au contraire, que l'éloignement et l'hiver avaient empêchés de se rendre au Puy, virent quelquefois même des passeports leur être refusés par le Comité de la Justice ; enfin le défenseur terminait en disant que, malgré toutes ces circonstances défavorables, il avait encore confiance dans la justice des honnêtes gens. Son espoir ne fut pas trompé et Pérussel fut acquitté.

(1) M. de Lagrevol, conseiller à la Cour impériale de Lyon.

3

C'est le 8 germinal an VII que le tribunal criminel du Puy rendit son jugement dans cette mémorable affaire.

Le plus grand nombre des accusés fut acquitté, d'autres furent renvoyés en police correctionnelle et voici le passage du jugement qui les concernait. Le tribunal, « considérant que les acquittés ont déjà subi une dé- « tension plus longue et plus pénible que celle qui aurait « pu leur être infligée en police correctionnelle et qu'ils « sont hors d'état de pouvoir payer aucune amende, « puisqu'il est de notoriété qu'ils ont vécu de charité, « ordonne qu'ils soient mis sur le champ en liberté. »

Le tribunal condamna à la peine de mort, Astier, Gin-genne et Piard. Il ordonna « que revêtus d'une chemise « rouge, ils seraient conduits par l'exécuteur des juge- « ments criminels sur la place publique de cette commune « (le Puy) appelée place de la Liberté, pour y subir la « peine contre eux prononcée, sur l'échafaud qui sera, « pour cet effet, dressé sur ladite place. »

Tel fut, en résumé, le résultat de ce grand procès des *Compagnons de Jésus* avec lequel se termina, on peut le dire, dans notre pays, dans notre zône, la manifestation de l'existence de ces redoutables associations dont l'organisa-tion suivit immédiatement la réaction thermidorienne et qui, sous des dehors politiques, cachaient un esprit de fu-reur, de vengeance poussé jusqu'aux dernières limites.

Nous n'eûmes plus désormais à déplorer que des scènes de brigandage isolées, des arrestations de diligences et des vols. C'est une de ces attaques, commise dans le dé-partement de l'Ain, pendant la nuit du 25 au 26 ventôse an VIII, sur la diligence de Lyon à Genève, qui a donné carrière à l'imagination féconde de Dumas et de Nodier.

Nodier parle, aussi, dans ses *Souvenirs et portraits*,

pages 115, 116 et 117, de ce procès du Puy ou d'Yssengeaux sur lequel, comme il l'avoue lui-même, il *brode* (p. 83) un commentaire plus ou moins étendu. Tous les prévenus, dit-il, furent absous. Un seul, le nommé Laurent fut condamné à mort. (Je ne sais s'il a voulu faire allusion à Laurent Piard). Il fut reconduit dans son cachot pour y attendre la mort jusqu'au lendemain matin. A deux heures du matin la porte s'ouvrit, un ange sauveur apparut, c'était la fille de son geôlier qui venait lui rendre sa liberté. Un cheval l'attendait au village voisin ; mais à peine sorti de prison, ne la voyant pas paraître à sa suite, il retourne sur ses pas, traverse la place pendant que les gendarmes allaient le chercher à la prison, s'élance vers la femme qui l'a délivré, s'ouvre un chemin vers elle, s'en saisit, la jette en croupe derrière lui comme un paladin de l'Arioste et disparaît au galop.

« Je voudrais bien savoir, ajoute-t-il en terminant, s'il
« s'il y a beaucoup de faits où s'allient plus de générosité
« chevaleresque et d'abnégation de soi-même dans les
« fantaisies romantiques du Moyen-Age. »

Je n'ai vu nulle part ailleurs le récit de cette romanesque évasion. Quant à *la générosité chevaleresque et à l'abnégation* de ces prétendus héros, le lecteur sait maintenant à quoi s'en tenir.

Me voici arrivé à la fin de la première partie de ma tâche.

Retracer à grands traits l'histoire des *vrais Compagnons de Jéhu* dans nos contrées, dans les pays voisins, voir ce qu'ils étaient véritablement, ce qu'ils ont fait ; tel est le but que je me suis efforcé d'atteindre.

Je vais maintenant suivre leur procès à Bourg même ; ce sera la seconde partie de cette étude.

Deuxième partie.

La réaction thermidorienne s'exerça évidemment avec la plus grande violence, pendant les années qui suivirent la chute de Robespierre, an III, an IV, an V, de la République française. C'est aussi pendant ces années que se commirent en très grand nombre les excès et les scènes de meurtre que nos contrées eurent à déplorer.

Mais, avec le temps, ces terribles représailles diminuèrent peu à peu de nombre et en quelque sorte d'intensité. Le gouvernement commençait à se reconstituer d'une manière solide et durable en France. Aussi les partisans du désordre, ne pouvant plus lutter à force ouverte et à main armée contre les troupes, songèrent à un autre genre d'attaque. Les diligences furent arrêtées la nuit à de fréquents intervalles et les fonds de l'Etat transportés dans toute la France, furent partagés entre les membres de ces coupables associations.

Etaient-ce *là* encore les *Compagnons de Jésus* qui massacraient les prisonniers à Lyon, à Bourg et à Lons-le-Saulnier? Rien ne l'indique d'une manière bien précise, mais il est permis de penser que ces gens, pour la plupart réduits à la dernière misère, agissant sans esprit politique sérieux, songèrent à satisfaire l'activité dévorante dont ils étaient animés, en se jetant dans cette vie aventureuse et criminelle qui devait les conduire à l'échafaud.

Est-il démontré par quelque document authentique que ces hommes, qu'on a désignés sous le nom de *Compagnons de Jésus ou de Jéhu*, correspondissent avec les Vendéens et

les Chouans, et que le produit de leurs déprédations servît
à alimenter la Caisse des armées royales?

Cette question a été posée dans plusieurs journaux scien-
tifiques, notamment dans le journal l'*Intermédiaire* (édité
par Duprat, rue du Cloître Saint-Benoit à Paris). Voir le n°
du 10 mars 1865.

On y a répondu en citant les souvenirs de Charles
Nodier. Nous savons maintenant quel degré de véracité on
doit leur accorder.

Dans tous les cas notre tâche n'est pas d'indiquer les
résultats de ces scènes de véritable brigandage, mais d'en
faire le fidèle récit. Or, il est un fait incontestable, c'est
que dans le cours des ans VII et VIII, de la République,
l'Est et le Midi de la France surtout furent le théâtre de
ces arrestations de diligences dans la nuit et du pillage des
fonds de l'Etat.

Un journal de Lyon (*Salut public*, 13 mars 1867) rappe-
lait tout dernièrement un événement de cette nature qui
avait produit à cette époque la plus vive sensation. Une
diligence faisant le service de Lyon à Avignon, connue
sous le sobriquet populaire alors de la *Turgontine*, fut
arrêtée par des malfaiteurs aux environs de Saint-Fons,
et *soulagée* (sic) des cent quatre-vingt-dix mille francs.

Enfin l'arrestation du Courrier de Lyon et la condamnation de Lesurques ont donné lieu, chacun le sait, à un
drame devenu populaire.

Ce sont aussi le roman et le drame d'Alex. Dumas, les
Compagnons de Jéhu, qui m'ont donné l'idée de voir ce
qu'ils pouvaient contenir de véridique, et de rechercher à
quelles sources, le romancier célèbre avait puisé l'idée
première de son ouvrage. Mais avant d'arriver au fait
même qui a donné naissance à ce roman, tiré en partie

des *Souvenirs et portraits* de Charles Nodier, c'est-à-dire à l'attaque de la diligence de Lyon à Genève par Amiet, Leprêtre, Guyot et Hyvert, jetons un coup d'œil sur l'état des esprits dans le département de l'Ain, à cette époque.

On était alors sous le coup d'une épouvante générale. Chaque jour, les diligences dans toutes les directions étaient attaquées ; les routes n'offraient plus de sécurité aux voyageurs. On voit dans les délibérations du directoire départemental de l'Ain, (délibérations dont les registres déposés aux archives de la Préfecture de Bourg, m'ont été obligeamment communiqués par M. Baux, archiviste), que les troupes étaient harassées de fatigue ; les chevaux de la gendarmerie, chargés d'escorter les voitures publiques, étaient presque tous fourbus, et plusieurs arrêtés du directoire votèrent les fonds nécessaires pour accorder à quelques brigades des *bidets (sic)* de renfort.

Les documents que j'ai consultés sont des pièces officielles extraites du dossier criminel de Leprêtre, Amiet, Guyot et Hivert.

Le premier est un procès-verbal d'enquête adressé par le juge de paix de Montluel et relatif à un vol de neuf mille francs, commis dans la nuit du 30 messidor an VII, sur la malle allant de Lyon à Strasbourg. Neuf individus se présentèrent subitement devant le conducteur, à minuit, lui ordonnèrent de mettre pied à terre, en le menaçant de leurs fusils. Ils lui dirent qu'ils ne voulaient point de son argent, mais que la République leur ayant pris tout ce qu'ils avaient, c'était l'argent de la République qu'ils réclamaient. Le poignard sous la gorge, le conducteur ouvrit les caissons de la voiture et remit à ces brigands neuf mille trois cent-vingt et un francs en onze paquets adressés, dit le procès-verbal, à divers particuliers.

Le conducteur, ainsi que les autres voyageurs, disaient
que tous ces hommes « étaient vêtus en *Carmagnoles* très-
« propres de différentes couleurs. Quelques-uns avaient
« des pantalons, d'autres des bottes et d'autres enfin des
« bas de *soye (sic)*, que tous avaient de très-gros mouchoirs
« au col couvrant le menton et qu'enfin ils étaient d'une
« tenue très-recherchée et parlant très-bon français. »

Cette fois-ci les malfaiteurs furent assez heureux pour
pouvoir s'échapper ; mais les choses ne se passaient pas
toujours d'une manière aussi commode pour eux, et la
malle de Strasbourg à Lyon, ayant de nouveau été arrêtée
et volée dans la nuit du 26 fructidor an VII (environ deux
mois après) entre Montluel et Meximieux, au lieu appelé
la *Dangereuse,* un nouveau procès-verbal du juge de paix
de Montluel donne les détails suivants :

Le conducteur avait été également réveillé sur son
siége. Quatre individus armés de fusils et de pistolets le
mettaient en joue : « *Vite ,* s'écrient-ils , les clefs et
descends de la voiture. » Ils s'emparèrent d'une somme
de dix-sept mille cinq cents francs, mais au moment
où ils la partageaient, un des chasseurs à cheval qui escor-
tait la voiture et qui se trouvait alors un peu en retard,
ayant fondu courageusement sur eux, ils l'étendirent mort
d'un coup de feu. Quelques instants après tout le détachement de chasseurs stationné à Miribel, prévenu de ce
qui venait de se passer, se mit à leur poursuite ; il les attei-
gnit sur le chemin de Mionnay près des Grands-Echets.
Cernés par le détachement ils firent une résistance éner-
gique, deux furent mis à mort par les chasseurs et les
autres, quoique blessés, s'échappèrent dans les bois où il fut
impossible de les rejoindre.

Cette affaire eut un certain retentissement et fut l'objet

d'un rapport fait au Conseil des Cinq-Cents par le citoyen
Vézu de l'*Ain*, « sur le *civisme* et le dévouement des habi-
« tants de Meximieux et autres citoyens qui ont poursuivi
« et mis en déroute une bande de voleurs. »

(Séance du 4ᵉ jour complémentaire, an VII.)

J'en extrais le passage suivant :

» L'un des brigands tués que l'on croit le chef de la
bande se nommait *Dutel* dit le *Prussien, boucher* à Lyon,
L'autre était un jeune homme qui a été reconnu pour
appartenir à une riche famille de la même commune. »

Telle était l'incurie de cette *époque* que les chasseurs de
l'escorte n'avaient point de *cartouches*, ce qui (dit le *citoyen
Vézu) les a privés de l'avantage de détruire jusqu'au dernier
de ces brigands*.

Les attaques de diligences n'en continuèrent pas moins
et la malheureuse malle de Strasbourg à Lyon fut encore
attaquée dans la nuit du 25 brumaire an VIII près de Bourg
et sur le chemin de Saint-Etienne-du-Bois.

Le sieur Claude Romain Chevrier, juge de paix de
Bourg, procéda à une enquête minutieuse à ce sujet.

Ainsi que dans les attaques précédentes, le conducteur
avait été obligé de descendre, de donner les clefs et les voleurs s'étaient enfuis emportant des sacs d'argent sans qu'on
pût les atteindre. Parmi les dépositions assez caractérisques,
recueillies à cette occasion par le juge instructeur, nous
allons citer la suivante qui ne manque pas d'un certain
intérêt :

« Jeanne Judith Pécold , née Colliot, demeurant à
« Arbois, âgée de quarante-deux ans, laquelle, après
« avoir promis de dire la vérité, déclare ;

« Que ce jourd'hui environ sur les sept à huit heures du
« soir, étant dans la malle du Courrier de Strasbourg à
« Lyon, et se trouvant environ à une lieue de Bourg, cette
« voiture a été arrêtée par des hommes armés (ce que la
« déclarante a connu par le bruit de quelques armes à feu).
« On a fait descendre les voyageurs et on les a fait
« asseoir sur le bord du fossé, le dos tourné contre la voi-
« ture. On a même voulu leur lier les mains, ce qui a si
« fort effrayée la déclarante qu'elle a été sur le point de
« s'évanouir et alors l'un des voleurs lui a donné des eaux
« de senteur et a défendu qu'on liât les voyageurs, auxquels
« ainsi qu'au Courrier et postillon, on a parlé avec dou-
« ceur en disant de ne rien craindre.

« Comme il faisait nuit et qu'il était défendu aux voya-
« geurs de tourner la tête, la déclarante ne peut décrire
« ni leur figure ni leur habillement, qui est tout ce qu'elle
« a dit savoir et a signé. »

Nous verrons quel parti habile Charles Nodier et après
lui Alex. Dumas ont su tirer de cet incident assez original
d'un voleur faisant respirer des sels à la voyageuse qu'il
vient d'arrêter.

Cependant comme contre-partie de cette déposition,
nous pourrions citer celle d'une femme Girard, cabaretière
sur la route de Pont-d'Ain à Bourg, à la montée de
Seillon, chez laquelle s'étaient reposés un instant, le lendemain matin, les auteurs de cette arrestation. L'un d'eux
la paya en lui donnant un écu faux.

« Sur quoi, dit l'enquête, elle lui avait rendu cet écu
« qu'elle lui désigna.

« Alors le particulier, après avoir réfléchi un instant,
« tira un petit écu de sa poche qu'il remit à la déclarante,
« laquelle lui rendit l'écu faux. Les traces des malfaiteurs

4

« furent suivies, mais sans qu'elles puissent amener leur
« arrestation. »

On sut plus tard qu'ils s'étaient dirigés du côté de
Treffort, qu'ils avaient passé le Revermont, qu'ils étaient
arrivés à Thoirette et que là un nommé Georges Velu
Fustier, leur avait fait descendre la rivière en bateau et
qu'on les avait complétement perdus de vue.

Nous retrouverons plus tard ce nom à propos du procès criminel commencé cette année-là à Bourg.

Une dernière attaque en effet, tout aussi audacieuse que
les précédentes, fut encore dirigée sur la malle poste de
Lyon à Genève, dans la nuit du 25 au 26 ventôse an VIII
(trois mois plus tard environ). C'est à la suite de cette attaque que furent arrêtés Leprêtre, Guyot, Amiet et Hyvert.
Ces quatre hommes, traduits devant le tribunal criminel de
l'Ain, à Bourg, furent condamnés à mort le 21 thermidor
an VIII, exécutés sur la place.du Bastion, le 23 vendémiaire
an IX.

C'est de ce procès célèbre dans les fastes judiciaires du
département de l'Ain qu'il me reste à entretenir le lecteur.

Mais avant cet examen, voyons ce qu'en disent Nodier
et Dumas.

L'imagination du lecteur sera charmée, mais sa raison
ensuite plus complètement satisfaite, en mettant sous ses
yeux, le roman d'abord, le procès ensuite.

Alexandre Dumas dans ses *Causeries* (1re série, page
192), explique lui-même avec cette gaieté et cet entrain
qui ne l'abandonnent jamais, comment l'idée lui vint
de faire son roman les *Compagnons de Jéhu*. Un jour, à la
campagne, tous les *Souvenirs* de Charles Nodier lui revinrent à la mémoire. Il comprit de suite tout le parti que son
imagination pourrait tirer de ces dramatiques situations et,

tout entier à cette idée, il se rendit immédiatement à Bourg.

Son arrivée, son séjour dans cette ville, ses relations avec l'artiste potier Bozonnet, sa visite à l'église de Brou, tout cela a fait le sujet d'un charmant chapitre que mon intention n'est pas d'analyser, voulant en laisser tout le plaisir au lecteur.

Ceci, du reste, nous détournerait trop du but de notre ouvrage. Il est curieux de voir cependant, avec quelle facilité d'esprit et quelle promptitude le célèbre romancier, qui a déjà son plan dans la tête, visite les lieux, retient leurs noms, tire parti de leur situation, en un mot, arrange, esquisse, crayonne cette œuvre de pure fantaisie à laquelle il a donné le nom de *Compagnons de Jéhu.*

Je ne résiste pas au plaisir de citer ce passage :

« Nous visitâmes d'abord la Chartreuse de Seillon. Je
« l'eusse fait bâtir exprès, qu'elle n'eût pas été plus à ma
« convenance. Cloître désert, jardin dévasté, habitants
« presque sauvages. Merci, hasard (1) ! »

« De là, nous passâmes à la Correrie ; c'était le complé-
« ment, je ne savais pas encore ce que j'en ferais : mais il
« est évident que cela pouvait m'être utile.

(1) J'ai à peine besoin de dire que la Chartreuse de Seillon, quoique inhabitée pendant la Révolution, n'est pas le moins du monde en ruines. Elle est occupée aujourd'hui par l'établissement de la Providence agricole de Saint-Isidore. J'ai visité, grâce à l'obligeance amicale de M. le juge Terret, secrétaire de la société, cette intéressante colonie qui, par son travail, a déjà transformé la propriété. La *Correrie* un ancien pavillon de la Chartreuse a été détruit de nos jours ; quant au fameux souterrain qui relie (dans le roman) la Chartreuse à l'église de Brou, c'est un aque-duc des plus inoffensifs, ayant une tout autre direction et très-utile seulement pour l'exploitation de cet important domaine.

— « Maintenant, Monsieur, dis-je à mon obligeant
« conducteur, j'ai besoin d'un joli site, un peu sombre,
« sous de grands arbres, près d'une rivière. Tenez-vous
« cela dans le pays.

« — Pourquoi faire ?

« — Pour bâtir un château.

« — Quel château ?

« — Un château de cartes, parbleu. J'ai une famille à
« loger, une mère modèle, une jeune fille mélancolique,
« un frère espiègle, un jardinier braconnier.

« — Nous avons un endroit appelé les Noires-Fontaines.

« — Voilà d'abord un nom charmant.

« — Mais il n'y a pas de château.

« — Tant mieux, car j'aurais été obligé de l'abattre.

« — Allons aux Noires-Fontaines.

« Nous partîmes. Un quart d'heure après, nous des-
« cendîmes à la maison des gardes.

« — Prenons ce petit sentier, me dit M. L..., il nous
« conduira où vous voulez aller.

« Il nous conduisit en effet à un endroit planté de grands
« arbres, lesquels ombrageaient trois ou quatre sources.

« — Voilà ce qu'on appelle les Noires-Fontaines.

« — C'est ici que demeureront Mme de Montrevel, Amé-
« lie et le petit Édouard. Maintenant, quels sont les villages
« que je vois en face de moi ?

« Ici, tout près Montagnat ; là-bas, dans la montagne,
« Ceyzériat.

« — Est-ce là qu'il y a une grotte ?

« — Oui. Comment savez-vous qu'il y a une grotte à
« Ceyzériat ?

« — Allez toujours. Le nom de ces autres villages, s'il
« vous plaît.

« — Saint-Just, Treconnas, Ramasse, Villereversure.

« — Très-bien.

« — Vous en avez assez ?

« — Oui.

« Je pris mon calepin, je fis le plan de la localité et j'ins-
« crivis à peu près à leur place le nom des villages qu'on
« venait de me faire passer en revue.

« — C'est fait, dis-je.

« — Où allons-nous ?

« — L'église de Brou doit être sur notre chemin ?

« — Justement.

« — Visitons l'église de Brou.

— En avez-vous aussi besoin dans votre roman ?

« — Sans doute; vous vous imaginez bien que je ne vais
« pas faire passer mon action dans un pays qui possède
« le chef-d'œuvre de l'architecture du xvie siècle, sans
« utiliser ce chef-d'œuvre.

« — Allons à l'église de Brou, etc. »

Maintenant que nous avons assisté à la création, voyons
en peu de mots l'œuvre elle-même.

Le héros, dans le roman d'Alexandre Dumas, est un certain baron de Sainte-Hermine qui, sous le nom de Morgan,
fait la guerre au gouvernement du Directoire; il dévalise
les diligences, et envoie cet argent aux émigrés, tout en
rendant aux voyageurs celui qu'il leur a pris, et en faisant respirer des sels aux jeunes dames nerveuses, ef-
frayées à l'aspect de ses terribles compagnons. Ce sont, en
effet, *les Compagnons de Jéhu* que Morgan a organisés,
convoqués la nuit dans les ruines de la Chartreuse de Seillon, et qui, brillants jeunes gens le jour, deviennent la
nuit, en apparence du moins, de véritables brigands. Puis
se place ici naturellement l'intrigue romanesque. Morgan a

épousé secrètement une jeune fille noble, Amélie de Montrevel, dont le frère, en qualité d'aide-de-camp du premier
Consul, et capitaine de cavalerie, lui fait une guerre achar-
née. Le lecteur comprend facilement quelles péripéties
amène cette lutte, entre le frère et la sœur, décidés l'un à
perdre et l'autre à sauver Morgan. Un beau caractère, celui d'un Anglais, sir John Tanley, vient se mêler à toute
cette intrigue, sans la dénouer, bien entendu. Morgan est
arrêté, exécuté avec quatre de ses amis, à Bourg. Alexandre
Dumas raconte leur fin terrible, avec les détails qu'en a
donnés Charles Nodier. Amélie de Montrevel expire entre
les bras de sa mère et de son frère qui lui ont pardonné et
Rolland meurt sur le champ de bataille de Marengo.

Ce roman a donné naissance à un drame, dont le succès a
été plus grand encore, et qui a eu un très-grand nombre de
représentations. Le lecteur peut juger de l'intérêt que
l'un et l'autre ont dû naturellement exciter. Il nous reste
maintenant à mettre sous ses yeux le passage *Des souvenirs et portraits de la Révolution*, d'où le roman de Dumas
a été tiré. Nous avons cru devoir le transcrire en entier; on
n'y perdra rien; il est difficile de raconter d'une manière
plus vive et plus émouvante. Une fois cette lecture ter-
minée et le roman bien connu, nous arriverons à la triste
et terrible réalité.

C'est Charles Nodier qui parle :

« Les voleurs de diligence dont il est question dans l'article Amiet, s'appelaient Leprêtre, Hyvert, Guyot et Amiet.
Leprêtre avait 48 ans; c'était un ancien capitaine de dra-
gons, chevalier de Saint-Louis, doué d'une physionomie
noble, d'une tournure avantageuse et d'une grande élé-
gance de manières. Guyot et Amiet n'ont jamais été con-
nus sous leur véritable nom. Ils devaient ceux-là à l'obli-

geance si connue des marchands de passeports. Qu'on se figure deux étourdis d'entre 20 et 30 ans, liés par quelque responsabilité commune qui était peut-être celle d'une mauvaise action, ou par un intérêt plus délicat et plus généreux, la crainte de compromettre leur nom de famille. On connaîtra de Guyot et d'Amiet tout ce que je m'en rappelle. Ce dernier avait la figure sinistre, et c'est peut-être à sa mauvaise apparence qu'il doit la mauvaise réputation dont les biographes l'ont doté. Hyvert était le fils d'un riche négociant de Lyon, qui avait offert au sous-officier de gendarmerie, chargé de son transfèrement, 60,000 francs pour le laisser évader. C'était à la fois l'Achille et le Pâris de la bande. Sa taille était moyenne, mais bien prise ; sa tournure gracieuse, vive et svelte. On n'avait jamais vu son œil sans un regard animé, ni sa bouche sans un sourire. Il avait une physionomie qu'on ne peut pas oublier, et qui se composait d'un mélange inexprimable de douceur et de force, de tendresse et d'énergie. Quand il se livrait à l'éloquente pétulance de ses inspirations, il s'élevait jusqu'à l'enthousiasme. Sa conversation annonçait un commencement d'instruction bien faite et beaucoup d'esprit naturel. Ce qu'il y avait d'effrayant en lui, c'était l'expression étourdissante de sa gaieté qui contrastait d'une manière horrible avec sa position. D'ailleurs on s'accordait à le trouver bon, généreux, humain, facile à manier pour les faibles, car il aimait à faire parade, contre les autres, d'une vigueur réellement athlétique, que ses traits un peu efféminés étaient loin d'indiquer. Il se flattait de n'avoir jamais manqué d'argent et de n'avoir jamais eu d'ennemis. Ce fut sa seule réponse à l'imputation de vol et d'assassinat. Il avait 22 ans.

Ces quatre hommes avaient été chargés de l'attaque d'une

diligence qui portait 40,000 francs pour le compte du gouvernement. Cette opération s'exécutait en plein jour, presque à l'amiable, et les voyageurs, désintéressés dans l'affaire, s'en souciaient fort peu. Ce jour là, un enfant de 10 ans, bravement extravaguant, s'élança sur le pistolet du conducteur et tira au milieu des assaillants. Comme l'arme pacifique n'était chargée qu'à poudre, suivant l'usage, personne ne fut blessé, mais il y eut dans la voiture une grande et juste appréhension de représailles. La mère du petit garçon fut saisie d'une crise de nerfs si affreuse, que cette nouvelle inquiétude fit diversion à toutes les autres, et qu'elle occupa tout particulièrement l'attention des brigands. L'un d'eux s'élança près d'elle en la rassurant de la manière la plus affectueuse, en la félicitant du courage prématuré de son fils, en lui prodiguant les sels et les parfums dont ces messieurs étaient ordinairement munis pour leur propre usage. Elle revint à elle, et ses compagnons de voyage remarquèrent que, dans ce moment d'émotion, le masque du voleur était tombé, mais ils ne le virent point.

La police de ce temps-là, retranchée dans une observation impuissante, ne pouvait s'opposer aux opérations des bandits, mais elle ne manquait pas de moyens pour se mettre sur leur trace. Le mot d'ordre se donnait au café, et on se rendait compte d'un fait qui emportait la peine de mort d'un bout du billard à l'autre. Telle était l'importance qu'y attachaient les coupables et qu'y attachait l'opinion. Ces hommes de terreur et de sang se retrouvaient le soir dans le monde et parlaient de leurs expéditions nocturnes comme d'une veillée de plaisir. Leprêtre, Hyvert, Guyot et Amiet furent traduits devant le tribunal d'un département voisin. Personne n'avait souffert de leur attentat que le

trésor qui n'intéressait qui que ce fût, car on ne savait plus
à qui il appartenait. Personne n'en pouvait reconnaître un
si ce n'est *la belle dame*, qui n'eut garde de le faire. Ils
furent acquittés à l'unanimité.

Cependant la conviction de l'opinion était si manifeste et
si prononcée que le ministère public fut obligé d'en appeler.
Le jugement fut cassé ; mais telle était alors l'incertitude
du pouvoir, qu'il redoutait presque de punir des excès qui
pouvaient le lendemain être cités comme des titres. Les accusés furent renvoyés devant le tribunal de l'Ain , dans
cette ville de Bourg, où était une partie de leurs amis,
de leurs parents, de leurs fauteurs, de leurs complices.
On croyait avoir satisfait aux réclamations d'un parti en
lui ramenant ses victimes, On croyait être assuré de ne
pas déplaire à l'autre, en les plaçant sous des garanties
presque infaillibles. Leur entrée dans les prisons fut en
effet une espèce de triomphe.

L'instruction recommença. Elle produisit d'abord les
mêmes résultats que la précédente. Les quatre accusés
étaient placés sous la faveur d'un *alibi* très-faux, mais revêtu
de cent signatures, et pour lequel on en aurait trouvé dix
mille. Toutes les convictions morales devaient tomber en
présence d'une pareille autorité. L'absolution paraissait in-
faillible, quand une question du président, peut-être invo-
lontairement insidieuse, changea l'aspect du procès. « Madame, dit-il, à celle qui avait été si aimablement assistée
par des voleurs , quel est celui des accusés qui vous a ac-
cordé tant de soins ? »

Cette forme inattendue d'interrogation intervertit l'ordre
de ses idées. Il est probable que sa pensée admit le fait
comme reconnu ; et qu'elle ne vit plus dans la manière de
l'envisager, qu'un moyen de modifier le sort de l'homme

5

qui l'intéressait. « C'est monsieur, » dit-elle, en montrant Leprêtre. Les quatre accusés, compris dans un *alibi* indivisible, tombaient de ce seul fait sous le fer du bourreau. Ils se levèrent et la saluèrent en souriant. « Pardieu, dit « Hyvert, en retombant sur sa banquette avec de grands « éclats de rire, voilà, capitaine, qui vous apprendra à être « galant. » J'ai entendu dire que peu de temps après cette malheureuse dame était morte de chagrin.

Il y eut le pourvoi accoutumé, mais cette fois il donnait peu d'espérance. Le parti de la Révolution que Napoléon allait écraser un mois plus tard, avait repris l'ascendant. Celui de la contre-révolution s'était compromis par des excès odieux. On voulait des exemples, et on s'était arrangé pour cela, comme on le pratique ordinairement dans les temps difficiles, car il en est des gouvernements comme des hommes, les plus faibles sont les plus cruels. Les *Compagnies de Jéhu* n'avaient d'ailleurs plus d'existence compacte. Les héros de ces bandes farouches, Debeauce, Astier, Borg, le Coq, Dabri, Delboude, Storkenfeld, étaient tombés sur l'échafaud ou à côté. Il n'y avait plus de ressources pour les condamnés dans le courage entreprenant de ces fous fatigués, qui n'étaient pas même capables dès lors de défendre leur propre vie, et qui se l'ôtaient froidement, comme Piard, à la fin d'un joyeux repas, pour en épargner la peine à la justice ou à la vengeance. Nos brigands devaient mourir.

Leur pourvoi fut rejeté; mais l'autorité judiciaire n'en fut pas prévenue la première. Trois coups de fusil tirés sous les murailles du cachot avertirent les condamnés. Le commissaire du directoire exécutif qui représentait le ministère public près des tribunaux, épouvanté par ce symptôme de connivence, requit une partie de la force armée, dont mon

oncle était alors le chef. A six heures du matin, 60 cava-
liers étaient rangés devant la grille du préau.

Quoique les guichetiers eussent pris toutes les précautions possibles pour pénétrer dans le cachot de ces quatre
malheureux, qu'ils avaient laissés la veille si étroitement
garottés, et chargés de fers si lourds, ils ne purent pas leur
opposer une longue résistance. Les prisonniers étaient
libres et armés jusqu'aux dents. Ils sortirent sans difficulté
après avoir enfermé leurs gardiens sous les gonds et sous
leurs verrous, et, munis de toutes les clefs, ils traver-
sèrent ainsi aisément l'espace qui les séparait du préau.
Leur aspect dut être terrible pour la populace, qui les attendait devant la grille. Pour conserver toute la liberté de
leurs mouvements, pour affecter peut-être une sécurité
plus menaçante encore que la renommée de force et d'intrépidité qui s'attachait à leur nom, peut-être même pour
dissimuler l'épanchement du sang, qui se manifeste si vite
sous une toile blanche, et qui trahit les derniers efforts
d'un homme blessé à mort, ils avaient le buste nu. Leurs
bretelles croisées sur la poitrine, leurs larges ceintures
rouges, hérissées d'armes, leur cri d'attaque et de rage,
tout cela devait avoir quelque chose de fantastique. Arrivés au préau, ils virent la gendarmerie déployée, immo-
bile, impossible à rompre et à traverser. Ils s'arrêtèrent
un moment et parurent conférer entre eux. Leprètre qui
était, comme je l'ai dit, leur aîné et leur chef, salua de la
main le piquet, en disant avec cette noble grâce qui lui
était particulière : « Très bien, messieurs de la gendarmerie ! » Ensuite il passa devant ses camarades, en leur
adressant un vif et dernier adieu, et puis se brûla la cer-
velle. Guyot, Amiet et Hyvert se mirent en état de défense, le canon de leurs doubles pistolets tourné sur la

force armée. Ils ne tirèrent point, mais elle regarda cette démonstration comme une hostilité déclarée : elle tira. Guyot tomba raide mort sur le corps de Leprêtre qui n'avait pas bougé. Amiet eut la cuisse cassée près de l'aine. La *Biographie des Contemporains* dit qu'il fut exécuté. J'ai entendu raconter plusieurs fois qu'il avait rendu le dernier soupir au pied de l'échafaud. Hyvert restait seul, sa contenance assurée, son œil terrible, ses pistolets agités par deux mains vives et exercées qui promenaient la mort sur tous les spectateurs ; je ne sais quelle admiration peut-être qui s'attache au désespoir d'un beau jeune homme aux cheveux flottants, connu pour n'avoir jamais versé le sang et auquel la justice demande une expiation de sang, l'aspect de ces trois cadavres sur lesquels il bondissait comme un loup excédé par les chasseurs, l'effroyable nouveauté de ce spectacle suspendirent un moment la fureur de la troupe. Il s'en aperçut et transigea : « Messieurs, dit-il, à « la mort ! j'y vais ! J'y vais de tout mon cœur ! mais que « personne ne m'approche, ou celui qui m'approche je le « *brûle,* si ce n'est monsieur, continua-t-il, en montrant « le bourreau. Cela c'est une affaire que nous avons en-« semble et qui ne demande de part et d'autre que des « procédés. »

La concession était facile, car il n'y avait là personne qui ne souffrît de la durée de cette horrible tragédie, et qui ne fût pressé de la voir finir. Quand il vit que cette concession était faite, il prit un de ses pistolets aux dents, tira de sa ceinture un poignard et se le plongea dans la poitrine jusqu'au manche. Il resta debout et en parut étonné. On voulut se précipiter sur lui : « Tout beau, messieurs, » cria-t-il en dirigeant de nouveau sur les hommes qui se disposaient à l'envelopper, les pistolets dont il s'était res-

saisi pendant que le sang jaillissait à grands flots de la
blessure où le poignard était resté, « vous savez nos con-
« ventions : je mourrai seul ou nous mourrons tous trois ;
« marchons. » On le laissa marcher. Il alla droit à la guillotine, en tournant le couteau dans son sein. « Il faut, ma
« foi, dit-il, que j'aie l'âme *chevillée* dans le ventre! Je ne
« peux pas mourir. Tâchez de vous tirer de là. » Il adres-
sait ceci aux exécuteurs.

Un instant après, sa tête tomba. Soit par hasard, soit
par quelque phénomène particulier de vitalité, elle bondit,
elle roula hors de tout l'appareil du supplice et on vous di-
rait encore à Bourg que la tête d'Hyvert a parlé ! »

Laissons maintenant parler les documents officiels :
voici le crime tel qu'il a été commis, raconté par l'acte
d'accusation lui-même; mais avant d'examiner ce document, il est nécessaire de jeter un coup-d'œil rapide sur la
législation criminelle de cette époque. Avec les idées de liberté que la Révolution avait propagées, nos mœurs judiciaires subirent de grandes modifications : le jury, de cette
importation anglaise, fut accepté avec enthousiasme en
France; on voulut l'utiliser le plus possible et non seulement il y eut un jury de jugement près des tribunaux criminels, analogue à celui de nos jours; mais encore un
jury d'accusation, plus spécialement chargé de statuer sur
l'exécution des affaires. C'était la loi du 3 brumaire (an IV),
(25 octobre 1795), qui était en vigueur à l'époque.

Or, (d'après ce code des délits et des peines), le jury
d'accusation avait un directeur qui remplissait les fonctions du juge d'instruction de nos jours; il y avait un jury
d'accusation dans chaque arrondissement; les jurés d'accusation étaient au nombre de huit Le directeur du jury devait dresser un acte d'accusation et le soumettre aux jurés

réunis au jour indiqué. Lorsque la majorité des jurés trouvait que l'accusation devait être admise, leur chef mettait au bas de l'acte d'accusation la formule affirmative : *la déclaration du jury est oui, il y a lieu.* Après cette déclaration, le directeur du jury rendait une ordonnance de prise de corps contre l'accusé, qui était ensuite renvoyé devant le tribunal criminel du département.

Dans chaque département il y avait un tribunal criminel. Ce tribunal criminel était composé d'un président et de quatre juges, d'un accusateur public et d'un commissaire du pouvoir exécutif, ainsi que d'un substitut qui lui était donné spécialement par le Directoire exécutif pour le service du tribunal criminel, plus d'un greffier.

Une loi postérieure au code de brumaire an IV et qui est à la date du 22 frimaire an VIII (13 décembre 1799) supprima les fonctions d'accusateur public ; (c'était là un mot que Fouquier-Tainville avait trop tristement illustré). Cette loi réunit les fonctions d'accusateur public à celles de commissaire du gouvernement. C'était cette loi qui était en vigueur au moment où fut jugé ce procès. Je crois inutile d'entrer dans de plus grands détails sur l'organisation de la justice criminelle de cette époque. Le jury de jugement qui devait assister le tribunal criminel dans chaque département s'assemblait le 15 de chaque mois ; une liste générale était faite auparavant comme aujourd'hui ; le nombre des jurés dans chaque affaire était de douze, ils *promettaient* (seulement) *de bien remplir les fonctions dont ils étaient investis.*

Les débats avaient lieu à peu près dans la même forme que celle qui est suivie aujourd'hui, la manière de voter des jurés présentait plus de complications, mais après qu'ils avaient rendu leur verdict, les juges prononçaient la peine édictée par la loi.

Ces indications sommaires sur la procédure du temps ont paru de quelque utilité, pour la complète intelligence du débat important, qui s'engagea à cette époque devant le tribunal criminel de l'Ain.

Dès que l'attentat commis, dans la nuit du 25 au 26 ventôse an VIII, par Hivert, Guyot, Amiet et Leprètre, sur la diligence de Lyon à Genève, fut arrivé à la connaissance des magistrats de Nantua, le directeur du jury d'accusation de Nantua (M. Melchior Bonifax) procéda à une enquête minutieuse et acquit bientôt la preuve que les quatre individus successivement arrêtés, étaient bien les vrais coupables de cette attaque à main armée. Mais là se présenta une difficulté de procédure, on pensa que conformément aux articles 2 et 4 de la loi du 29 nivôse an VI (arrestation à main armée), les coupables étaient justiciables des conseils de guerre. Une ordonnance du 11 floréal an VIII, rendue par le directeur du jury de Nantua, renvoya les quatre détenus devant le conseil de guerre séant à Besançon. Sur un avis donné à la même époque à ce conseil de guerre par le Ministre de la justice (le citoyen Abrial), le conseil de guerre de Besançon, à la date du 20 prairial an VIII, présidé par le citoyen Thirion, chef de brigade, après avoir entendu les quatre prévenus et considérant que la loi du 29 nivôse an VI n'ayant eu qu'une application momentanée, on rentrait, par suite de son abrogation tacite, dans les dispositions de la constitution générale française à cette époque; renvoya Guyot, Hivert, Amiet et Leprètre devant le jury de l'arrondissement de Nantua afin que, conformément au code du 3 brumaire an IV, l'instruction dirigée contre eux fût continuée. Une décision du tribunal criminel de l'Ain, le 22 floréal an VIII, cassa et annula l'ordonnance de renvoi du directeur du jury de Nantua devant le conseil de guerre de Besançon ; il ordonna que la procédure commencée contre les prévenus fût continuée devant le jury de l'arrondissement de Nantua, et que Guyot, Hivert, Amiet et Leprêtre fussent transférés sous bonne garde de Besançon à Nantua. C'est après cette décision que l'instruction fut reprise dans cette ville et que le directeur du jury d'accusation, ayant entendu de nombreux témoins, formula son acte d'accusation à la date du 15 messidor an VIII.

Voici ce document important que nous allons maintenant textuellement mettre sous les yeux du lecteur, et qui lui fera connaître la nature exacte du crime dont la justice avait à punir les coupables.

ACTE D'ACCUSATION.

« Dans la nuit du 25 au 26 ventôse dernier, sur environ l'heure de minuit et demi, la diligence de Genève à Lyon fut arrêtée à l'extrémité du lac de Silan, du côté de Nantua, par une bande de voleurs qui s'étaient cachés dans les buis qui avoisinent la route ; lesquels voleurs après avoir préalablement cassé le reverbère de la voiture avec le bout d'un fusil et éteint la lumière firent ensuite descendre de la voiture les voyageurs qu'elle contenait, les conduisirent à environ vingt pas de la voiture, les firent asseoir par terre, leur lièrent les mains derrière le dos et les jambes croisées avec des cordes ainsi qu'au postillon, où ils furent gardés à vue par deux des voleurs armés de deux fusils, dont l'un à deux coups ; qu'ensuite deux des voleurs se saisirent du conducteur de la diligence, le forcèrent à remettre les clefs des caissons de la voiture, que n'ayant pu les ouvrir, l'un d'eux, un poignard à la main,

força le conducteur d'ouvrir lui-même la vache qui cou-
vre le talon de la voiture, dans lequel étaient renfermées
des caisses contenant des groupes d'or, d'argent, des montres, bijouteries ; qu'ils amenèrent ensuite ledit conducteur auprès des voyageurs , le firent aussi asseoir par terre
et lui lièrent les mains et les pieds avec des cordes, après
quoi les voleurs enfoncèrent à coups de hache les caisses
qu'ils avaient sorties de la voiture et enlevèrent les effets
et métaux qu'elles renfermaient et disparurent ensuite au
signal donné par le chef de la bande qui cria : *à cheval*;
que le conducteur de la diligence et les voyageurs étant
parvenus à se débarrasser de leurs liens, ils se levèrent et
se rapprochèrent de la voiture autour de laquelle ils trou-
vèrent deux caisses en sapin brisées à coups de hache,
comme encore quatre montres, un carnier soit hàvre-sac
en cordes qui se trouva contenir une grosse somme d'argent; qu'arrivé à Nantua sur environ les deux heures
après midi, Antoine-Michel Rémond, conducteur de la diligence, se transporta auprès du juge de paix de Nantua
pour faire par devant lui la déclaration des faits et circonstances de ce délit dont il a porté plainte , et faire procéder
au recensement des objets énoncés sur la feuille de chargement qui lui était confiée; qu'il résulte du procès-verbal
dressé en conséquence que neuf des articles chargés sur
cette feuille ont été la proie des voleurs à l'exception de
dix-sept mille quatre cents francs en or et trois mille quatre
cent trente-huit francs en argent, qui se sont trouvés dans
le hàvre-sac trouvé auprès de la voiture après la fuite des
voleurs, de cette sorte qu'il a été reconnu qu'il avait été
volé des articles du chargement de la voiture, en espèce,
la somme de 24,258 fr., deux caisses contenant horlogerie,
bijouterie , à l'exception de deux montres en or et une en

argent qui furent trouvées dans la boue auprès de la voiture. Dans la journée du 26 ventôse dernier il fut trouvé
par la garde nationale de Nantua mise sur pied à la poursuite des voleurs, tant sur le *local* où a été commis le
délit que dans les montagnes environnantes, un sabre, un
fusil simple cassé, une carmagnole brune, un pistolet, un
mouchoir et une besace; qu'il a été trouvé pareillement,
dans la matinée du susdit jour, dans le bois communal de
Samognat appelé *Louchon*, deux petites caisses en bois de
sapin couvertes de toile cirée, l'une marquée D. L. G. nº 2,
qui a été ficelée d'une corde au bout de laquelle est gravé,
d'un côté, ces mots : Revenus nationaux. Bureau de Genève, et de l'autre : République française; l'autre boîte
également couverte de toile cirée avec une adresse marquée des lettres P. P., nº 9, lesquelles deux caisses avaient
été toutes deux enfoncées, étaient en partie remplies de
papier mou et de coton et dans l'une desquelles était une
petite boîte en carton à quatre chalits, remplie en partie
de papier mou et de coton; ce qui avait déterminé le
Commissaire du gouvernement du canton de Sonthonax
et d'après les avis qu'il avait reçus des autorités constituées
de Nantua du vol qui avait été commis la nuit précédente,
de mettre sur le champ les gardes nationales de son canton sur pied, et à faire environner et faire faire une battue
dans le susdit bois de Louchon; que lors de cette battue il
fut trouvé dans le bois un mouchoir de poche marqué de
deux lettres, I. L., et une mauvaise anglaise, soit *roupe*
brune déchirée sur le flanc; que lors de cette battue et à
la tombée de la nuit, l'on entendit dans le bois deux ou
trois sifflements, comme des gens qui se rappellent, que
plusieurs individus furent aperçus au sortir des dits bois
vêtus de carmagnoles brunes et blanches, dont l'un d'eux

portait un chapeau de toile cirée; que trois d'entre eux ont été aperçus traverser la rivière d'Ain, que suivis à sa piste, ils ont été arrêtés au village de Corcelles, ayant avec eux un chien appartenant au citoyen Nicod, qui avait été perdu dans le bois de Louchon, lors de la battue qui y fut faite; que lors de leur arrestation l'un d'eux, qui dit s'appeler Hivert, était armé de deux pistolets chargés, que dans le fond du chapeau d'un autre qui dit s'appeler Laurent Guyot, fut trouvé deux autres pistolets de poche et dans ses bottes trois montres en or à double boîte et à répétition renfermées dans des petits sacs de peau; que le lendemain 27 ventôse, il aurait été trouvé, d'après une nouvelle fouille faite dans le susdit bois de Louchon, par les gardes nationales de Samognat, enfouie dans la terre recouverte de feuillage sec, en plusieurs paquets, une somme de 19,296 fr. en espèces, 10 chaînes de montre en or, 2 tabatières en or, 35 montres et autres pièces de conviction qui ont été reconnues comme faisant partie des objets volés dans la diligence, dans la nuit du 25 au 26 ventôse dernier; que lesdits Etienne Hivert, François Amiet, Laurent Guyot, Antoine Leprêtre, actuellement détenus en la maison d'arrêt de cette commune, et François Velut, fustier au port de Thoirette, contumace, sont prévenus d'être les auteurs et complices dudit vol.

Il résulte de tous les détails, qu'il a été commis un vol avec attrouppement et armée nocturnement sur une grande route, sur quoi les jurés auront à prononcer, s'il y a lieu, à accusation contre les dits Etienne Hivert, Laurent Guyot, François Amiet, Antoine Leprêtre et François Velut, à raison du délit mentionné au présent acte.

Fait à Nantua, le 15 messidor an VIII de la République française. — BONIFAX.

Vu par nous, juge suppléant au tribunal de Nantua, remplaçant le Commissaire du gouvernement pour cause de récusation :

Nantua, le seize messidor an VIII. — Humbert.

La déclaration du jury est : *Oui, il y a lieu.*

Nantua, le 20 messidor an VIII de la République.

Signé : Bison, *chef du jury.* »

Ce ne fut pas sans peine que l'autorité parvint à arrêter une partie des auteurs de l'attaque de la diligence de Lyon à Genève. Grâce à l'activité du citoyen Nicod, commissaire du gouvernement à Sonthonax, et aux précautions prises par lui, on put enfin mettre la main sur Hivert, Guyot et Amiet. Voici une lettre écrite par le citoyen Nicod à son collégue de Nantua, à la date du 26 ventôse an VIII, (datée de Mataflon).

Cher Concitoyen,

« Un des ouvriers que j'avais envoyé dans les bois,
« revient à toute bride me rendre compte, d'après la con-
« signe que j'avais donnée et après avoir entendu du bruit
« au haut de ma forêt, territoire de Samognat, où mes
« gens se sont rendus ; n'ayant entendu que fuir, ils ont
« trouvé sur la place des débris de caisses et de papiers
« *écrits en latin, autant que l'on me dit.* J'attends
« d'autres documents pour vous en faire part. Envoyez de
« suite la gendarmerie sur les bords de la rivière d'Ain,
« pendant que de mon côté je vais former un cordon pour
« entourer les bois ; ordonnez la même mesure à l'admi-

« nistration d'Oyonnax et de Montréal, afin que les bri-
« gands soient cernés de toutes parts.

« Salut et fraternité, dépêchons-nous, cher collègue,
« *détruisons la canaille*.   Signé : Nicod.

Les précautions prises par Nicod amenèrent les plus
heureux résultats. Les paysans armés de fusils firent une
battue dans la forêt de Samognat où les coupables, après
l'arrestation de la diligence près du lac de Silan, avaient
établi leur quartier général et déposé une partie des objets
volés. Mais n'étant pas assez nombreux pour la cerner
entièrement, ils ne purent saisir que trois des malfaiteurs.
Ils étaient sortis de la forêt près du pont de Coizelet, ils
furent suivis jusqu'au village de Corcelle et arrêtés chez
un nommé Jean-Baptiste Girod, fustier. Leprêtre ne fut
pas arrêté immédiatement, mais une lettre du commissaire
de police générale de Lyon, du 5 floréal an VIII, avertis-
sait le juge de paix de la commune de Nantua que plusieurs
individus de Lyon lui avaient été désignés comme voulant
tenter un coup de main pour délivrer leurs camarades qui
étaient dans les prisons de Nantua. Leprêtre était à la
tête de ce complot, il fut désigné à la police et arrêté le
même jour. Voici le procès-verbal d'arrestation :

« Cejourd'hui 5 floréal an VIII républicain, d'après les
« ordres du général de police de la commune de Lyon,
« en date dudit jour, nous nous sommes transportés,
« accompagnés des citoyens Fortout et Rivet, agents de
« police, Martin et Verguet, tous deux gendarmes de Lyon,
« à la rue du Bœuf, dans le domicile du citoyen Brochet,
« n° 60, au 3ᵉ, nous avons frappé à la porte; voyant que
« personne ne répondait, muni d'un second ordre qui
« nous autorisait à requérir un serrurier, à cet effet nous

« avons requis le citoyen Pierre Dubaud, demeurant rue
« Saint-Jean et avons invité le présent à l'ouverture. Les
« citoyens Philippe Blanc, vinaigrier, et Claude Conte,
« cordonnier, demeurant susdite maison, les citoyens sus
« dénommés ont été présents, le citoyen serrurier a pro-
« cédé à l'ouverture de l'appartement, nous sommes de
« suite entrés et avons trouvé ledit *Leprêtre couché sur un*
« *lit*; alors nous l'avons remis entre les mains des gen-
« darmes, avons procédé à une perquisition, nous avons
« fait ouvrir la malle audit Leprêtre, nous y avons trouvé
« une ceinture dans laquelle étaient 26 pièces de 24 fr. et
« 2 pièces de 48 livres, le tout en or, que nous avons
« enveloppé et cacheté de notre sceau de cire rouge ; en
« continuant notre perquisition nous avons trouvé, dans
« une commode la carte de sûreté, le passeport et congé
« dudit Leprêtre et un matteau de soie que ce dernier nous
« a déclaré appartenir au citoyen Brochet; avons du tout
« fait un paquet que nous avons attaché avec du fil, sur
« le nœud duquel nous avons apposé notre cachet avec
« invitation audit Leprêtre d'y apposer le sien a répondu
« n'en point avoir. Le tout fait en présence des sus nom-
« més sur une heure de sept de relevé, à l'exception du
« dit Leprêtre qui a dit être inutile, fait et clos, le jour et
« an susdits et avons signé. »

L'instruction de cette affaire fut poursuivie avec le plus
grand soin. Le juge de paix de Nantua, le citoyen Guichon,
reçut, le 26 ventôse an VIII, à 2 heures du matin, la déclaration et les plaintes de tous les voyageurs dévalisés. Ils
étaient au nombre de sept. Le conducteur de diligence,
Raymond ; Paul Ducret, postillon à Châtillon-de-Michaille,
puis les voyageurs qui étaient dans la diligence arrêtée et
dont voici les noms : Paul Tribert, payeur-général à l'ar-

mée d'Italie; Xavier Espoulier, sous-lieutenant à la 56e demi-brigade; François Alamand, commis-négociant à Genève; Alexandre-Louis Ferrier, négociant à Lausanne; Louis Liodet, négociant à Genève, et Jean-Joseph Gindre, marchand aux Rousses. (Ce dernier avait été assez heureux pour se glisser dans les buis qui bordaient la route et s'était enfui jusqu'aux Nérolles, où ses compagnons le rejoignirent quelques heures plus tard). On procéda ensuite à l'examen de la voiture et des valeurs qu'elle contenait encore. Cette voiture était partie le soir de la ville de Genève avec une quarantaine de mille francs en or et argent et quinze mille francs en montres et bijoux. Toutes ces sommes et valeurs étaient adressées à des banquiers et des négociants de Lyon. C'est ainsi qu'un groupe de dix mille francs était adressé à MM. Gaillard frères, banquiers à Lyon, et un autre de vingt-sept mille à M. Morin, à Lyon. Toutefois, tout le chargement de la voiture ne fut pas heureusement perdu; on trouva dans un hàvre-sac tombé près de la voiture une somme de 17,000 fr. en or, enfin des trois caissons contenant des montres, deux furent trouvés intacts dans la diligence, le troisième seul avait été volé.

Bientôt les battues organisées par la garde nationale sous les ordres du citoyen Nicod, amenèrent les plus heureux résultats. Les gardes nationaux découvrirent dans le bois de Louchon, commune de Samognat, où les voleurs avaient campé, 6 chaînes de montre en or et 35 montres en or et en argent, ainsi qu'une somme de 19,296 livres tournois qui fut saisie dans une caisse de bois de sapin, près du lieu de campement. Le tout fut déposé au greffe de Nantua le 28 ventôse an VIII.

De nombreux témoins furent entendus; nous indiquerons seulement les passages de dépositions les plus importantes ; presque toutes ont trait aux recherches faites dans la forêt de Samognat et aux arrestations qui en furent le résultat.

Le sixième témoin, Mathieu, charpentier à Fontaine, dit que le 24 ventôse, le matin vers 7 heures, il vit François Velut, fustier, demeurant à Courtoufle, porter précipitamment dans la montagne de Samognat des vivres, du pain et des œufs et une cruche, dont les débris furent retrouvés près de la caisse contenant l'argent, par les gardes nationaux. La complicité de Velut était donc évidente. Le témoin assista à l'arrestation de Guyot, Amiel et Hivert, chez Girod, à Corcelles ; on saisit sur Guyot deux pistolets anglais cachés dans le fond de son chapeau et trois montres en or dans ses bottes, Hivert sortit également de la poche de sa carmagnole deux pistolets qu'il remit à ceux qui venaient de l'arrêter.

Du reste Guyot et ses compagnons avaient été vus le 25 ventôse (la veille de l'arrestation de la diligence) à Charix ; des témoins les avaient entendus s'informer avec soin de l'heure à laquelle devait passer la diligence de Genève près du lac de Silan.

Une déposition assez intéressante fut celle du citoyen Bataillard, notaire à Thoirette, qui logea chez lui, pendant quelque temps, le fils Hivert dont le père, marchand de bois aux Brotteaux, à Lyon, était connu dans le pays. Il y avait avec lui Laurent Guyot et un troisième individu nommé Leprêtre, fils d'un ancien rénovateur des rentes, noble, des comtes de Saint-Jean, à Lyon. A cette époque Hivert acheta deux *barcots* à Thoirette. Lors de leur séjour chez Bataillard ils jouaient au billard et aux cartes ; ils avaient du reste des habitudes fort tranquilles et ils ne portaient aucune arme sur eux, pas même des couteaux.

M. Gaillard, entrepreneur de messageries, à Lyon, fut également entendu; il avait vu à Lyon le père Hivert et comme il lui apprenait l'arrestation de son fils, le père répondit qu'il avait quitté depuis quelque temps Lyon en compagnie de Laurent Guyot et de Leprêtre; il ajouta qu'il savait que son fils avait passé à Thoirette où il avait joué *au rouge et noir*, qu'il connaissait Leprêtre pour un joueur de profession et qu'il avait bien peur qu'il n'eut débauché son fils.

La déposition de Raymond, conducteur de la diligence, fut importante; il reconnut positivement Amiet, Guyot et Hivert comme étant de ceux qui avaient arrêté la voiture; mis en leur présence, il n'hésita pas un seul instant, il déclara qu'Hivert s'écria au moment où il le saisissait : « Il « est bien temps que nous te tenions, tu nous a fait faire « trois cents lieues pour t'arrêter et quand même nous « prendrions dans cette diligence de grosses sommes d'ar- « gent, nous n'en prendrions jamais autant que cette?... « de république nous en a volé. »

Le postillon Ducret, de Châtillon-de-Michaille, fit le même récit.

Leprêtre fut également reconnu par un grand nombre de témoins et plus tard le nommé Philibert Merin, pos- tillon au service du citoyen Monestier à Meximieux, le reconnut aussi pour être un de ceux qui avaient également arrêté la malle de Lyon à Strasbourg, dans la nuit du 25 au 26 fructidor an VII, entre Meximieux et Montluel.

Que répondirent les prévenus à toutes ces charges acca- blantes réunies contre eux?

Ils nièrent avec énergie toute participation directe ou indirecte à l'attaque de la diligence de Lyon à Genève.

7

Le premier qui fut interrogé, Hivert, déclara, le 27 ventôse, devant le juge de paix de Nantua, qu'il se nommait Etienne Hivert, âgé de 19 ans et demi, marchand de bois de moule, bateau et plâtre, natif de Lyon, demeurant chez son père domicilié à la porte Saint-Clair, à Lyon. Il avoua avoir été condamné, il y avait environ trois ans, par le tribunal de Bourg, pour avoir *maltraité* une femme Tabourin, de Neuville, à un mois de prison et à 150 fr. de dommages-intérêts. Il continua à soutenir qu'il était venu à Thoirette, à Cortofle et à Corcelles pour son métier de marchand de bois et qu'il ne savait pas ce qu'on voulait lui dire quand on lui parlait de l'attaque de la diligence de Lyon à Genève.

Le second accusé dit se nommer Laurent Guyot, âgé de 32 ans, natif de Dijon, résidant actuellement à Lyon, rue Lanterne, n° 34, au 3ᵉ étage, avec Anne Perrin qu'il a épousée depuis cinq mois ; étant avant la révolution clerc de procureur, pendant la révolution commis de magasin, chez le sieur Praz, bonnetier à la Guillotière, puis sous-lieutenant au 2ᵉ bataillon des Côtes-du-Nord, puis simple chasseur au 13ᵉ régiment de hussards, actuellement négociant en plâtre. Il soutint qu'il était venu à Thoirette acheter du plâtre et qu'il ne connaissait pas l'arrestation de la diligence de Lyon à Genève. Le juge de paix lui demanda d'où lui provenaient les trois montres qu'on lui avait trouvées cachées dans ses bottes ; il dit qu'il les avait trouvées en route et qu'il les avait cachées ainsi parce qu'*il avait peur* qu'on l'accusât de les avoir volées.

Le troisième prévenu déclara se nommer François Amiet, âgé de 34 ans, natif de Neuville-sur-Saône, boulanger domicilié à Neuville. Il était venu, disait-il, le 24 ventôse à Thoirette pour acheter un bateau. Il entra en marché avec un nommé Velut ; puis il alla à Corcelles et c'est là qu'il fut arrêté. Il déclara ne connaître ni Hivert ni Guyot et être complètement innocent de l'attaque de la diligence de Lyon à Genève.

Cependant l'auteur principal de cette attaque audacieuse, celui que l'on pourrait appeler le chef de la bande, arrêté à Lyon le 5 floréal an VIII comparut devant le juge de paix de Nantua et déclara se nommer Antoine Leprètre, âgé de 31 ans, rentier demeurant à Lyon ; « il répondit « avoir été arrêté chez le citoyen Brochet, rue du Bœuf à « Lyon, lequel Brochet exerce la profession de courtier « et néanmoins distribue des tisanes à ceux qui sont « atteints de la maladie vénérienne ; que, depuis quatre « ou cinq nuits il couchait chez ledit Brochet, chez lequel « il prenait des remèdes. Quand on lui demanda quelles « étaient ses occupations et ses liaisons à Lyon, il répondit « qu'avant l'arrivée du Préfet à Lyon, il *taillait le rouge et* « *le noir* dans un café de société, avec divers particuliers.

Nous continuons de citer l'interrogatoire.

A lui demandé : « Si depuis qu'il s'est retiré du service « il est toujours resté à Lyon ?

« Répond : qu'il est allé à Beaucaire et à Marseille.

« A lui demandé : Quel était l'objet de ces voyages ?

« Répond : que c'était pour tailler le 31.

« A lui demandé : s'il n'est point allé à Thoirette-sur-Ain ?

« Répond : qu'il est allé il y a quelque temps à Bourg, « mais qu'il ne se rappelle pas être allé à Thoirette.

« A lui demandé : s'il ne connaît pas les nommés Hivert, « Guyot et Amiet et principalement le nommé Hivert qui, « comme lui, habite la commune de Lyon et est très- « répandu dans les cafés ?

« Répond : que non.

« A lui observé : qu'il est prévenu d'avoir fait parti du
« rassemblement armé qui, dans la nuit du 25 au 26 ven-
« tôse dernier, a arrêté et pillé la diligence de Genève à
« Lyon.

« Répond : si la diligence n'a été arrêtée que par lui *elle*
« *doit être encore existante.* »

Leprêtre déclara plus tard qu'il s'était engagé au 31e régiment, qu'ayant acheté son congé, il était entré ensuite
au second bataillon de *Rhône-et-Loire* en qualité de sous-
lieutenant, qu'étant parvenu au grade de capitaine, lors de
l'embrigadement, il profita de la faculté qu'avaient les
officiers de donner leur démission et se retira dans la commune de Lyon, son domicile.

Lors de leur comparution, le 16 prairial an VIII, devant
le conseil de guerre de Besançon, les prévenus firent au
capitaine rapporteur qui les interrogea préalablement les
mêmes réponses que celles qu'ils avaient faites au juge de
paix de Nantua.

. Nous avons vu qu'à la suite d'une décision du jury d'accusation de Nantua, les quatre accusés avaient été renvoyés
devant le tribunal criminel de l'Ain, séant à Bourg. Quelque
temps avant leur comparution devant ce tribunal, le 23
messidor an VIII, ils furent interrogés tous les quatre par
M. Thomas Riboud, président du tribunal criminel ; leurs
réponses furent les mêmes ; nous croyons inutile de les
rapporter ici, ils se renfermèrent toujours dans un système
complet et absolu de dénégations.

Enfin ils comparurent devant le tribunal criminel de
l'Ain, le 18 thermidor an VIII (6 août 1800). Nous avons le
procès-verbal entier de cette session importante qui, commencée le 18 thermidor, se termina le 21 (9 août 1800) par
la condamnation à mort des quatre accusés. Le tribunal

criminel était présidé par M. Thomas Riboud, il avait pour assesseurs MM. Tardy et Chaland, juges, M. Puthod était commissaire du gouvernement et Louis-Marie Debost, greffier.

On procéda au tirage au sort des douze jurés. Les accusés comparurent à la barre libres et sans fers.

Les citoyens Pelletot, de Lyon, conseil d'Etienne Hivert; Baron, de Châlons, conseil d'Amiet; Mignot, de Bourg, conseil de Leprêtre, promirent de n'employer que la vérité dans leur défense.

Le citoyen Rodet, chargé de la défense de Guyot, ne s'étant pas occupé de sa procédure, cet accusé a prié le citoyen Cochet, homme de loi, présent à l'audience, de se charger de sa défense.

Les jurés ont promis d'être fidèles aux instructions adressées par le Président et qui sont identiques à celles de nos jours.

On procéda ensuite à l'audition des témoins.

Le premier entendu fut le citoyen Nicod qui avait joué un si grand rôle dans l'arrestation; il déclara que deux mois après l'arrestation d'Hivert, *le père de ce dernier* réclama à sa domestique une montre à boîte d'or que les accusés avaient cachée dans un matelas qui leur fut fourni par lui pour passer la nuit du 26 au 27 ventôse (moyennant bien entendu une bonne récompense). Averti par cette domestique, Nicod fit découdre son matelas et on y trouva la montre sur laquelle était gravé le nom de l'horloger qui l'avait fabriquée à Genève. Pensant avec raison qu'elle était volée, il l'avait gardée et la déposa sur le bureau de la cour. Les accusés déclarèrent ne pas reconnaître cette montre.

Le 46e témoin, Joseph Gaillard, directeur de la messa-

gerie de Lyon à Genève, manifesta l'intention de se porter
partie civile, afin de réclamer la restitution des montres,
chaînes d'or, bijoux, ainsi que les sommes d'argent qui lui
avaient été volées. Le postillon Philibert Merlin reconnut
positivement Leprêtre pour être un des individus qui, dans
la nuit du 29 au 30 messidor, arrêtèrent et volèrent la
diligence entre Meximieux et Montluel.

A la séance du 20 thermidor le commissaire du gouvernement fut entendu.

Pelletot, défenseur d'Hivert, Baron, défenseur d'Amiet,
Mignot, conseil de Leprêtre, présentèrent la défense de ces
trois accusés. A la séance du lendemain 21 thermidor, le
citoyen Cochet, conseil de Guyot, présenta sa défense.
Les répliques eurent lieu. Le président résuma les débats
et posa les questions aux jurés.

Il s'éleva alors un incident. Baron, conseil d'Amiet,
voulut qu'on supprimât, dans la position des questions
cette circonstance, retenue par l'accusation et posée ainsi :
Avec dessein de tuer ; en disant que *le dessein de tuer* ne
résultait pas de la déclaration des témoins. Mais le tribunal
ordonna que les questions resteraient en entier et seraient
soumises aux jurés telles qu'elles avaient été lues. Les jurés
se retirèrent dans la chambre des délibérations à midi et
revinrent à quatre heures, apportant une réponse *affirmative* sur toutes les questions. Aussitôt le commissaire du
gouvernement requit l'application des articles 11 et 13 de
la 1re section, titre II du code pénal (du 25 septembre 1791).
Cet article 13 était ainsi conçu : « L'assassinat quoique non
« consommé sera puni de la *peine de mort* lorsque l'atta-
« que *à dessein* de tuer aura été effectuée.

Les conseils des accusés soutinrent que leur crime ne
méritait pas la peine de mort. Ce crime (suivant eux),

n'était qu'un vol à *force ouverte* qui, d'après les art. 2, 4 et 5 de la 2e section, titre II du code pénal, ne devait être puni que de 24 ans de fer.

Au même instant le citoyen Bonnard, conseil du citoyen Gaillard, directeur de la diligence de Lyon à Genève, déclara que son client se portait partie civile et réclama en son nom : la restitution de 39 montres déposées au greffe du tribunal et la condamnation des quatre accusés au paiement solidaire d'une somme de 14,000 fr., tant pour pertes de numéraire, que pour la valeur estimative des autres montres et bijoux qui avaient été volés.

Le tribunal, après en avoir délibéré, fit droit aux conclusions de M. Gaillard et après avoir lu les articles de loi sur lesquels le jugement était fondé, *condamna les quatre accusés à la peine de mort.*

Les condamnés se pourvurent en cassation, mais la cour de cassation (section criminelle), rejeta à la date du 6 vendémiaire an IX le pourvoi de ces malheureux (29 septembre 1800). La cour de cassation décida que le tribunal criminel de l'Ain, en condamnant les accusés à la peine de mort, comme convaincus d'avoir effectué une attaque *avec dessein de tuer,* accompagnée du vol, avait fait une juste application de la loi pénale.

L'acte d'accusation annonçait en effet qu'il y avait eu *violence* envers les voyageurs; le conducteur et le cocher de la diligence, après avoir été contraints de descendre, furent liés, gardés et *menacés le poignard sur la gorge.*

Après ce rejet du pourvoi, le droit de grâce n'existant plus à cette époque, (il fut en effet rétabli par un sénatus-consulte du 16 thermidor an X qui le réservait au premier consul), les condamnés durent subir leur peine.

Ce fut le 23 vendémiaire an IX (19 octobre 1800) que ce

terrible arrêt reçut son exécution. Nous avons sous les yeux le procès-verbal qui contient le récit de ce drame sanglant; mais auparavant il nous tarde de justifier le président Riboud du reproche que lui a fait Nodier, d'avoir, *par une espèce de subterfuge*, obtenu des jurés la condamnation des quatre accusés.

M. Philibert Le Duc, dans sa vie du président Thomas Riboud (son aïeul), rappelle cet incident (page 25). Mais nous connaissons assez les débats de cette affaire pour comprendre qu'en présence des déclarations des témoins, la condamnation des accusés était une chose évidente.

M. le président Riboud qui avait dirigé ces débats avec une noble et digne impartialité se montra constamment bienveillant et humain pour les accusés. On trouve dans le dossier des lettres de Leprêtre dans lesquelles il lui dit que malade, ne pouvant *manger le pain grossier de la prison,* il demande qu'on lui délivre quelque argent sur les sommes saisies chez lui lors de son arrestation.

Ses demandes furent toujours accueillies. Ce magistrat honorable, l'organe dans tous ces débats d'une loi, dont nous comprenons mal les sévérités à notre époque, ne put, (si on en croit la tradition transmise par sa famille), retenir ses larmes en prononçant l'arrêt, qui envoyait à l'échafaud quatre malheureux jeunes gens, entraînés, perdus par les mœurs dissolues, la vie étrange de ce temps-là et dont l'un d'eux (Hivert) avait à peine atteint sa vingtième année.

Cependant l'heure de l'expiation avait sonné et voici, copié textuellement, le procès-verbal d'exécution à mort.

« Cejourd'hui vingt-trois vendémiaire an IX, le commis-
« saire du gouvernement près ce tribunal, qui a reçu dans
« la nuit à onze heures du soir le paquet du ministre de la
« justice, contenant la procédure et le jugement qui con-

« damne à mort Laurent Guyot, Etienne Hivert, François
« Hamiet, et Antoine Leprêtre, le jugement du tribunal de
« cassation du six du courant qui rejette la requête en
« cassation contre le jugement du vingt-un thermidor ; a
« fait avertir par lettre entre six et huit heures du matin les
« quatre accusés que leur jugement à mort serait exécuté
« ce jourd'hui à onze heures; dans l'intervalle qui s'est
« écoulé jusqu'à onze heures ces quatre accusés se sont
« donné des coups de poignard en prison, *Leprêtre* et
« *Guyot* suivant le bruit public étaient morts, Hivert blessé
« à mort et expirant, Amiet blessé, mais conservant sa
« connaissance, tous quatre en cet état ont été conduits à
« la guillotine, et *morts ou vivants !* ils ont été guillotinés
« à onze heures et demie. L'huissier Colin a remis le pro-
« cès-verbal de leur supplice à la municipalité pour les
« inscrire sur le livre des morts.

« Le capitaine de la gendarmerie a remis au juge de paix
« le procès-verbal de ce qui s'est passé en prison, où il a
« été présent, pour moi qui n'y ai point assisté je certifie
« ce que la voix publique m'a appris.

    « *Bourg, le vingt-trois vendémiaire an IX,*

        « Debost, *greffier.* »

Voici maintenant le procès-verbal beaucoup plus *laco-
nique* de l'huissier Colin qui ne parle pas de ces détails
horribles, dont il faut cependant reconnaître en partie la
vérité. Nous le copions aussi textuellement.

« L'an IX de la république française, le vingt-trois ven-
« démiaire, je soussigné Claude-Joseph Colin, huissier
« près le tribunal criminel du département de l'Ain, muni
« de patente délivrée par l'administration municipale de
« Bourg, y demeurant, certifie qu'en vertu du jugement

8

« rendu par le tribunal criminel de l'Ain, le vingt et un
« thermidor an VIII et des réquisitions du commissaire du
« gouvernement sous leurs dates, les nommés Laurent
« Guyot, Etienne Hivert, François Amiet et Antoine Leprè-
« tre, condamnés à mort par ledit jugement, ont été
« extraits de la maison de justice sise audit Bourg, cejour-
« d'hui à onze heures du matin par l'exécuteur des juge-
« ments criminels dans le département de l'Ain qui, à
« l'effet de satisfaire à la réquisition du commissaire du
« gouvernement les a placés sur une voiture et les a ainsi
« conduits escortés par la force armée sur la place pu-
« blique de cette ville destinée à l'exécution des jugements
« criminels, où étant rendu le cortège, l'exécuteur et les
« condamnés, ceux-ci ont subi l'un après l'autre la peine
« de mort. Fait et clos à Bourg les dits jours et an à onze
« heures et demie avant midi, dont acte.

« COLIN. »

J'ai été assez heureux pour trouver encore un témoin de
cette exécution, (M. Charnaud, commis greffier à Bourg),
qui a bien voulu me donner la note ci-jointe, dans laquelle
il a relaté ses souvenirs de cette triste journée, (M. Charnaud a aujourd'hui soixante-seize ans). Voici textuellement
copiée cette note qu'on ne lira pas sans intérêt :

« Les faits dont je me souviens le mieux, qui m'ont le
« plus frappé et qui sont restés le plus profondément
« gravés dans ma mémoire sont ceux-ci.

« J'avais huit ans lorsque l'exécution a eu lieu. A cette
« époque les exécutions se faisaient au bas du Bastion à
« onze heures du matin.

« Le 19 octobre 1800, dès dix heures la place de la
« prison était déjà envahie par une foule plus nombreuse

« que d'habitude, parce que l'on connaissait en ville le
« drame qui avait eu lieu dans la prison, le suicide des
« condamnés que chacun commentait à sa manière. On
« ne pouvait comprendre comment à un moment donné
« ils avaient pu se trouver nantis des couteaux ou poi-
« gnards dont ils avaient fait usage et que, suivant les uns,
« ils avaient trouvés dans les pains que l'on distribuait aux
« prisonniers ; que suivant d'autres, au contraire, ils te-
« naient de la femme du concierge.

« Ce qui accréditait ces on dits ou ces diverses versions
« c'est qu'une nommée Babet Chambard, fille d'un méde-
« cin de Bourg et amie de la femme du concierge de la
« prison, passait aux yeux de tout le monde pour l'amante
« d'un des prisonniers ; la concierge jeune alors et assez
« jolie passait également pour être celle d'un autre des
« condamnés.

« C'est par une pierre lancée de la rue dans la cour
« la nuit qui précédait l'exécution, qu'ils apprirent le
« rejet de leur pourvoi et par conséquent le jour de leur
« exécution ; les prisonniers qui ne pouvaient se voir mais
« bien s'entendre de leurs cellules ou cabanons après s'être
« demandés si ils étaient prêts et sur les réponses affirmati-
« ves, l'un d'eux compta à haute voix jusqu'au nombre trois
« et c'est à ce dernier nombre qu'ils se frappèrent simul-
« tanément.

« Trois tombèrent, le quatrième après s'être frappé
« plusieurs fois resta debout, et, tournant le poignard dans
« sa poitrine s'écriait: mais je n'ai donc point de cœur !

« A onze heures, ces cadavres ensanglantés sortirent de
« la prison, le survivant porté par l'exécuteur et ses aides
« les autres traînés par les jambes et leurs têtes frappant

« l'escalier, tous placés sur une voiture arrivèrent sur la
« place et furent exécutés, le survivant le premier.

A cette époque on faisait parcourir au patient le trajet de
« la prison au Bastion en descendant par le Greffe, la rue
« d'Espagne, dite Grand'rue, la place d'Armes et la rue
« Crève-Cœur; mais ce jour-là par dérogation ils furent
« conduits de la prison au lieu de l'exécution par le trajet
« le plus direct.

« On a toujours pensé que les quatre condamnés avaient
« constamment caché leurs véritables noms, on a toujours
« prétendu qu'ils appartenaient à de nobles et riches fa-
« milles. »

C'est en effet la question que nous avons à nous poser
en terminant. Quels étaient ces hommes? Et peut-on
soutenir maintenant que c'était pour une cause politique,
qu'ils commettaient ainsi ces actes de brigandage? Malgré
(ainsi que le dit Nodier), *l'obligeance si connue* des marchands de passe-ports du temps, et quoi qu'il fût moins facile à cette époque de constater l'identité des accusés que de
nos jours, nous croyons néanmoins, pouvoir affirmer sans
crainte que les noms des quatre condamnés étaient leurs
noms véritables et ne cachaient pas des descendants de
grandes familles, courant ainsi les chemins pour s'emparer
de l'argent de la République.

Quant au premier, *Hivert*, il était le fils d'un marchand
de charbon de Lyon, et était connu à Thoirette, à Dortan
(où il venait quelquefois), toujours sous le nom du *fils
Hivert*. M. Gaillard avait vu son père à Lyon ; ce dernier ne
lui avait pas caché toutes les craintes que lui inspirait la
conduite de son fils, qui venait de le quitter pour partir
avec des joueurs (c'était ses expressions), tels que Guyot
et Leprêtre.

Amiet était de Neuville où il exerçait la profession de boulanger; en voici la preuve dans la lettre suivante:

Neuville-sur-Saône, 29 vendémiaire an 9.

L'adjoint à la mairie de la commune de Neuville, au président du tribunal criminel de l'Ain.

Citoyen Président,

J'ai reçu avec votre lettre du 24 courant la copie du jugement rendu à votre tribunal, le 21 thermidor dernier contre François Amiet *de cette commune,* et autres individus condamnés avec lui à mort. J'en ai pris note sur le registre tenu à cet effet, en exécution de l'article 593 du Code des Délits et des Peines, et j'y ai joint ce jugement.

Salut et considération.

Signé, BRUNON.

Quant au troisième, Laurent Guyot, natif de Dijon, on trouva parmi les pièces le concernant, un passe-port qui lui fut délivré à la Guillottière en échange d'un passeport ancien de la commune de Dijon du onze thermidor an V. Le signalement se rapportait complètement à celui de ce condamné; il avait dans ce passe-port la profession de commis marchand, et c'était bien la profession qu'il avait déclaré exercer lors de son arrestation. Les indications qu'il donna étaient du reste fort précieuses, et il eut été facile d'en vérifier l'exactitude. Malheureusement, on n'a pas paru dans l'instruction y avoir attaché une grande importance. Il déclara que natif de Dijon il résidait actuellement à Lyon, rue Lanterne nᵒ 34 au 3ᵉ étage, avec une fille nommée Anna Perrin, qu'il avait épousée depuis cinq mois. Il était avant la révolution commis de magasin à la Guillotière, puis sous-lieutenant au 2ᵉ bataillon des Côtes-du-Nord, puis simple chasseur au 13ᵉ régiment de hussards, et actuellement marchand de plâtre. Cette vie, si agitée ne l'avait amené à aucune position sérieuse et sortable; il est impossible de voir dans cet ancien soldat, cachant dans ses bottes trois montres qu'il n'avait pas volées à la République, un jeune héros, martyr de son dévouement chevaleresque pour une cause perdue.

Quant au dernier, l'Achille de la bande, comme l'appelle Nodier, c'est celui dont le caractère, est peut-être le mieux accusé, qui réellement pouvait passer pour le chef et l'organisateur de ces attaques audacieuses et criminelles; nous avons sur son compte des documents dont l'authenticité ne saurait être contestée.

Antoine Leprêtre, âgé de 32 ans était le fils d'un rénovateurs des rentes nobles des comtes (du chapitre) de Saint-Jean à Lyon (c'était une sorte de commissaire à terrier). Lancé de bonne heure dans la carrière des armes, il aurait pu à cette époque surtout, y faire un chemin brillant, mais l'inconduite et la passion du jeu, le réduisirent malheureusement au rôle du criminel le plus vulgaire. Voici le congé qui lui fut délivré le 7 germinal an IV à l'armée du Rhin et de la Moselle.

QUATRE-VINGT-DOUZIÈME DEMI-BRIGADE.

« Nous membres du Conseil d'administration de ladite
« demi-brigade, certifions que le citoyen Antoine Leprètre,
« capitaine à la même demi-brigade, âgé de 28 ans, natif
« de Lyon, canton dudit, département de Rhône-et-Loire,
« a commencé à servir au 51ᵉ régiment du 5 juin 1784 au
« 5 mars 1789, entré comme sous-lieutenant au 2ᵉ bataillon
« de Rhône-et-Loire, le 3 octobre 1791, lieutenant le 12

« janvier 1792 et capitaine le 27 octobre 1792. Ledit citoyen
« Leprêtre a été remplacé, au moment de l'amalgame pour
« pour cause d'absence, conformément à l'instruction du
« Directoire exécutif en date du 18 nivôse et de l'ordre du
« général en chef de l'armée du 13 ventôse dernier; certi-
« fions en outre que le dénommé ci-dessus s'est conduit
« avec honneur, bravoure et intelligence, pendant tout le
« temps qu'il a été avec nous, et c'est avec regret que nous
« le voyons se séparer de nous, en foi de quoi nous lui
« avons délivré le présent pour lui servir et valoir ce que
« de raison.

> « *Bitche, le 7ᵉ jour du mois de germinal an IV.* »
>
> (Suivent les signatures.)

On trouva en outre chez Leprêtre, un passe-port qui lui
était délivré le 8 floréal an VII à Lyon pour aller à Valence.
Leprêtre y était qualifié, officier démissionnaire. Enfin
l'administration municipale de Lyon lui avait délivré le
19 floréal an VIII un certificat d'inscription civique; son
domicile à cette époque était rue Pêcherie n° 86.

Mais lors de l'époque de son arrestation le 5 floréal an
VIII, il fut trouvé alité au n° 60 au 3ᵉ dans la rue du Bœuf,
chez un nommé Brochet qui le traitait pour une maladie
vénérienne. On trouva dans sa malle un rouleau de 26 pièces d'or de 24 fr. C'était sa seule ressource, il n'en eut point
d'autre pendant sa longue détention et quand on lui demanda de quoi *il vivait,* il répondit qu'il taillait le rouge et
noir *dans les cafés de société.* Voilà donc à quel degré
d'abaissement et de misère, le désordre et le jeu avaient
réduit un jeune homme de bonne famille et qui s'était courageusement conduit à l'armée.

De l'inconduite au crime il n'y a qu'un pas. A une époque où les idées religieuses et morales, étaient elles-mêmes laissées complètement de côté, il est tout naturel que Leprêtre, brave, avantureux, ruiné par sa malheureuse passion, ait cherché dans l'attaque des diligences un moyen de *réparer les chances* qui lui avaient été contraires, en cachant sous le voile de la politique des entreprises criminelles, dont le véritable but nous apparaît maintenant dans toute sa triste réalité.

Un dernier document, vient démontrer encore combien c'était peu uniquement à l'argent de la république qu'en voulaient ces jeunes gens dont la vie antérieure nous est maintenant connue.

Au moment de l'arrestation de la diligence de Lyon à Genève, il fut procédé par le juge de paix de Nantua au récolement des objets énoncés dans le bordereau, confié au conducteur Raymond et sur lequel était inscrits tous les chargements ; ce bordereau contenait 15 articles ; ils sont tous détaillés avec soin et indiquent le nom de leur destinataire : or pas un de ces groupes d'argent n'était destiné à la caisse de l'Etat ; tous étaient pour des banquiers, des horlogers, des négociants de Lyon et c'était l'argent *de ces particuliers* sur lequel *les Compagnons de Jéhu* avaient fait main basse, dans la nuit *du* 26 *ventôse an VIII.*

Sans doute ils ont cruellement expié la faute qu'ils avaient commise et pour laquelle de nos jours les travaux forcés paraîtraient une punition suffisante ; mais encore une fois, il faut nous reporter aux temps où la justice eut à se prononcer sur cette affaire. Les routes étaient infestées de brigands ; elles ne présentaient plus de sécurité pour les voyageurs ; à chaque instant les diligences étaient arrêtées et pillées, dans toutes les directions.

Le premier Consul avait institué des commissions militaires à la suite des colonnes mobiles qui poursuivaient le *brigandage*.

En présence d'un tel désordre on avait dû, après les commissions militaires, instituer des tribunaux spéciaux composés de trois juges ordinaires, tous membres du tribunal criminel, de trois militaires et de deux adjoints. Cette institution fut abolie de plein droit deux ans après la paix générale.

Cette prompte et rigoureuse justice avait singulièrement contribué à rétablir le calme et la sécurité, et avec le Consulat, l'ordre revint bientôt en France.

Mais au commencement de l'an VIII, on était encore à l'aurore de ce temps de repos qui allait enfin succéder aux agitations de la révolution. Les exemples étaient nécessaires et les magistrats, en se montrant les justes et rigoureux observateurs de la loi pénale du temps, accomplissaient un devoir envers la société.

Plaignons donc, sans toutefois les exalter, ces malheureux jeunes gens, la plupart sans famille, sans appui, sans direction utile et éclairée, livrés à toutes leurs passions, emportés par la tourmente révolutionnaire et payant de leur vie un crime qui de nos jours ne mériterait pas la mort.

Cette étude, de cette sombre et terrible affaire, que nous avons taché de rendre aussi consciencieuse que possible, aura eu, nous l'espérons, pour résultat, d'en faire saisir le véritable caractère.

Aussi nous devons nous féliciter de vivre à une époque de tranquillité et d'apaisement, et faire tous nos efforts pour éviter le retour de ces jours de violences, de crimes, de vengeances et de châtiments.

9

Le temps dans sa course rapide efface déjà ces tristes souvenirs.

Puisse ce simple coup d'œil jeté sur le passé nous servir d'utile enseignement!